JN111418

株式会社「四季報」の鬼100則

石井勝利
Katsutoshi Ishii

まえがき

「会社四季報」（東洋経済新報社）は、株式投資の基本的なデータブックである。実に豊富な情報が載っている「宝の山」。うまく使えば、株式投資で成功する。ビジネスのチャンスが生まれる。

しかし、残念ながら「株のバイブル」ではない。「四季報」を読破しても、株式投資で絶対に良い成績を上げられるわけではないのだ。

業績や企業の経営状況が良ければ、その会社の評価は高いだろう。しかしそれは、株式投資であなたが「差益を得る」「リターンを得る」こととは別物だ。「テンバガーの条件」なるものがよく語られるが、情報を遅れて手に入れれば、先に買った人の後塵を拝してしまい、売買のタイミングが悪ければ「含み損」を抱えるに過ぎない。

昨今の乱高下相場では、業績と連動せず日々上下するし、大口や仕手の介入があれば、ゲームのような動きになる可能性もある。

鬼100則

そこで、四季報の価値を見誤らないようにすることが肝心である。

にわかに動き出した注目銘柄。

株価は業績や会社の財務内容だけではなく、時流性、テーマ、政策の動き、国際環境等さまざまな要因で動き、人気化し、吹き上がる。

チャートの形や売買数だけにとらわれず、会社の置かれた立場や経営状況等を素早く把握し、その後の展開を読むことが10倍株をつかむ鉄則だ。

また、四季報では株価が上がる可能性大の企業も読めるが、逆の情報も読める。

「リスクを少なくして、大きなチャンスをつかむ」という点で、極めて価値がある。

リスクを取って投資をした会社が、じり貧になる。債務超過になる。倒産する。

その「最悪のデータ」を見逃さないためのリスク回避のツールにもなるのだ。

売りと買いがあり、双方の綱引きで「勝った方が上がる」。

そんな市場の心理まで透かし見ることができれば、勝利の確率は格段に上がるだろう。

四季報は、貴重な情報満載だが、ある意味、辞典のようなものだ。

英語力をつけるために、英和辞典をAからZまで読み通すような人は、そういない。

知りたい情報を引く。解説に付された情報を頭に入れる。
ついでに、前後の情報が目に入る。
もちろんパラパラとめくって、思いもよらない単語に巡り合う楽しみもある。
四季報も同じだ。
誰にも等しく提供されている情報を、どう日々の投資に活かすか。
逆に、四季報のデータだけに拘束されてはいけないことは何か。
この本では、そうした点について、実践的に説いてみることにした。
望ましい成果を得るためのノウハウを私の経験から余すところなく説き明かした。
あなたの株式投資の成果に結びつけば幸いである。

２０２１年　初夏　　石井勝利

※本書では特定の銘柄・取引を推奨するものではございません。取引に当たっては、ご自身のご判断でお願いいたします。売買で被られた損失に対し、著者・版元は何らの責任も持ちません。

序章

修羅場を生き残る四季報の知恵

第1章

10倍株に目をつける「7つのポイント」

第2章
「四季報倒れ」にならないための心得

第3章

「会社四季報」で勝ち組になる活用法

第4章

儲かる銘柄の「業績」はこう読め

第5章 株主の構成から会社の安定性、やる気、信用を判断する

第6章 財務状況を見逃すな

第7章

「コメント」から読み解く内容

第8章

株価指標は無視できない

第9章

コード番号から入る会社のデータの見方

第10章

四季報オンラインを知って、活用しよう

終章

最速で注目株情報を得る「欄外」チェック法

カバーデザイン：krran　西垂水敦
　　　　　　　　　　　市川さつき
チャート提供　：株探
本文校正　　　：共同制作社

序章

修羅場を生き残る四季報の知恵

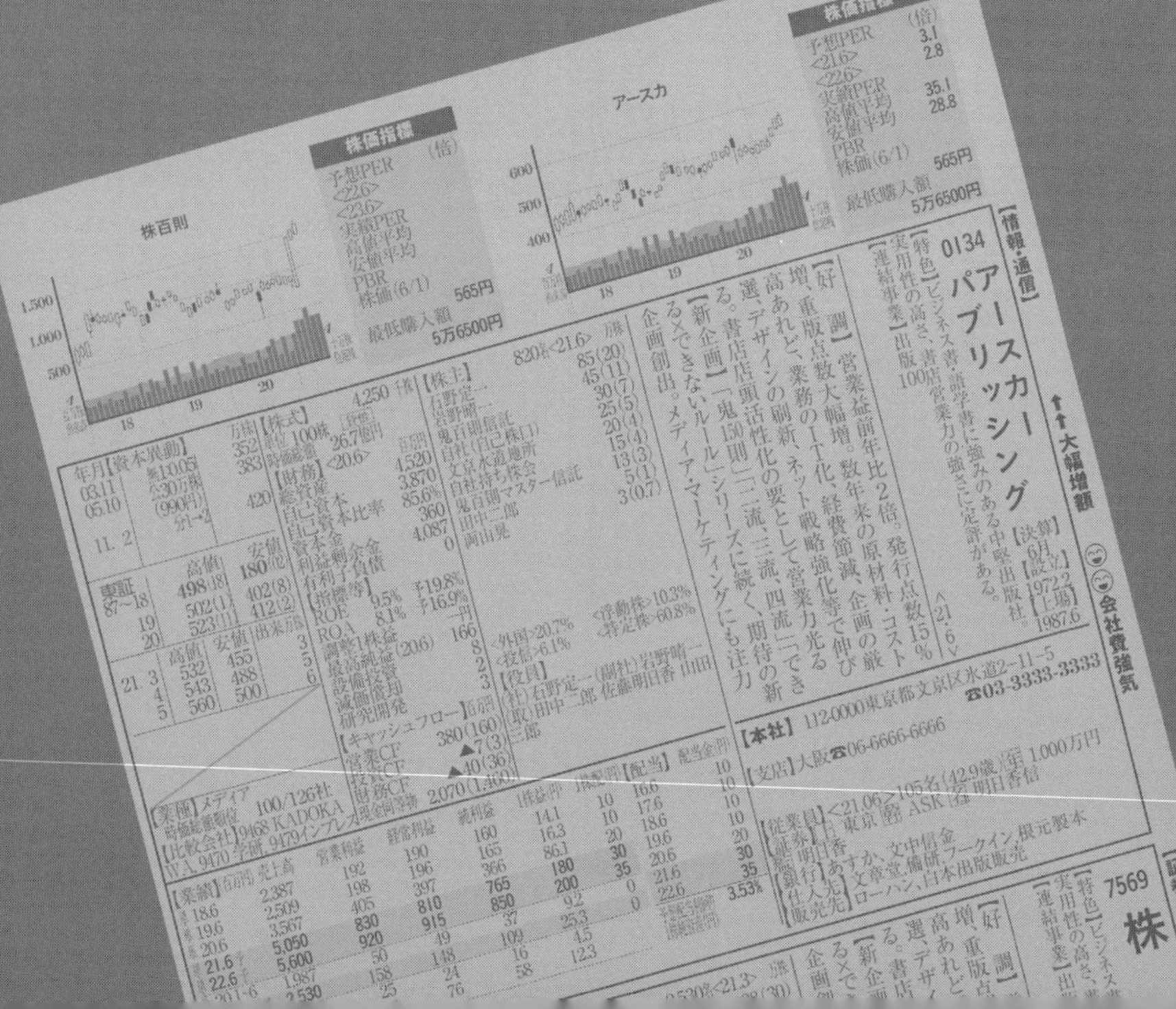
【情報・通信】

↑↑大幅増額

会社費強気

0134 アースカー パブリッシング

【特色】ビジネス書・語学書に強みのある中堅出版社。実用性の高さ、書店営業力の強さに定評がある。

【連結事業】出版100

【決算】6月 【設立】1972.2 【上場】1987.6

<21.6>

【好 調】営業益前年比2倍。発行点数15%増、重版点数大幅増。数年来の原材料・コスト高あれど、業務のIT化、経費節減、企画の厳選、デザインの刷新、ネット戦略強化等で伸びる。書店店頭活性化の要として営業力光る。

【新企画】「鬼150則」「二流、三流、四流」「できる×できないルール」シリーズに続く、期待の新企画創出。メディア・マーケティングにも注力。

【本社】112-0000東京都文京区氷道2-11-5 ☎03-3333-3333

【支店】大阪☎06-6666-6666

何事であれ、最終的には自分で考える覚悟がないと、
情報の山に埋もれるだけである。

羽生善治

リスクは、あなたが何を行っているか
知らないことが原因だ。

ウォーレン・バフェット

鬼100則 01

ショックこそ、チャンスだ

コロナで一旦滞った経済は力強い復活を見せることなく、日本は1年半の間、サービス業を中心に暗いニュースが溢れた。2020年のGDPは史上最大のマイナス幅となった。

それでも、金余りのおかげで株価はうなぎ上りに。

「コロナバブル」の言葉も踊った。

しかし株式投資で稼ぐには、**高値を追うような時に、付和雷同で買ってもチャンスは少ない。**

高値を摑むだけである。

安い時を狙え。

その最大のチャンスは、「ショック」時にある。

過去を見ると、オイルショック（1973年、1979年）、ブラックマンデー（1987年）、ITバブル（2000年）、リーマンショック（2008年）と、我々は悲鳴の出るような暴落を経験して来た。
新しくは、２０２０年のコロナショックだろう。
世の中は真っ暗。株の世界に、多くの犠牲者が出た。
しかし、勝てる投資家は、このタイミングに打って出る。
「野も山もみな弱気なら、あほうになって買いの種をまけ」。
そんな格言もある。
この世の終わりのような時に、株は買うものである。
売るのではない。
ショック時にどの企業も「最安値」をつける。
これはコロナショックでも同じ。緊急事態宣言発令前の3月が底値だった。
「先が見えない」時に、敢えて資金を株式に投じる人が「勝つ人」である。
最高益の会社でも、ショック時に急落する。
そこがチャンスである。
その方程式は、やがて来るであろう「暴落」のタイミングでも、同じである。
肝に銘じておきたい。

鬼100則 02

ダメな時こそ、仕込みのチャンス

株価の急激な変化、成長は「ダメな時」「苦戦する時」にこそ存在する。

業績が良い。株価が高い。人気がある。

じつは、ここに投資のうまみはない。

なぜならば、**株価が10倍になる可能性**がほとんどないからである。

私は「赤字」「減益」の企業を好む。

なぜならば、**苦戦のその先に光明が見えて来た時、株価の飛躍がある**からだ。


かつて、三菱自動車が「リコール隠し」で巨額の赤字を出し、売り叩かれた時があった。

株価は2桁。誰もが倒産を予測した。

しかし、私は周りの人に買い向かうことを勧めた。

なぜならば、「天下の三菱力」があったからだ。

三菱グループは、三大財閥の1つ。

結束は強い。

金融、製造、サービス、ハイテク、全てに企業展開している。

自動車は三菱グループの重要な資産だ。

潰せない。

そこで、危うい状況で、三菱ＵＦＪ銀行や三菱重工等そうそうたるグループ企業が支援に回った。

車を買った。

当然ながら、三菱自動車は蘇った。

株価も復活し、倒産の危機からは脱したのだ。

株価は復活し、66円のどん底から１４４０円まで這い上がった。

実に20倍以上である。この時に利益確定して、多くの人が利益を手にした。

ダメな時に、確固たる裏づけを持ち、挑戦した人に勝機がある良い例である。

もちろん、失敗がゼロということではないから、自己責任ではあるが。

鬼100則 03

赤字から飛躍する企業を狙う

株価というのは、赤字から黒字に転換する時に大きく化ける。

例えばマザーズのＢＡＳＥ（４４７７）の株価の道のりを見ると、上場は２０１９年10月。株価は上場当時、わずか７７４円と人気がなかった。

それもそのはず、営業利益、経常利益、純利益、全てが赤字だった。

業績情報だけを見ると、まったく投資先に値しない。

しかし、個人や小規模事業者のためのＥＣプラットホームというビジネスモデルが、コロナの非接触時代に花を咲かせ、黒字転換した。

株価はそれをなぞるように右肩上がりになり、20年末には１万７２４０円と約22倍に化けた。なんと1年足らずの大化けである。

私はこの会社の上場初日のテレビ出演を見て「この会社はいける」と直感した。

事業を目指す人たちにネットでチャンスを提供する仕事が受けると感じたからである。

予想の通り、みるみる会員が増えて黒字化し、株式市場でも人気が集まった。

最新の四季報では、最大の株主が社長とある。上場前に資金調達していたVCは上場で株を売ったため、社長の持ち株が最大。

やる気を感じる会社だ。

ECプラットフォームという今トレンドの事業**内容に直感した人は、赤字の時にこの銘柄を仕込み、その後の20倍強への成長を享受できた。**

株式投資というものは、そういうものだ。

結果が出てから、乗っても遅い。

黎明の時、雌伏の時に会社の将来性を見込んで投資する。その果敢なやり方にチャンスがある。

10倍株、20倍株を手にする資格があるのだ。

4477　BASE

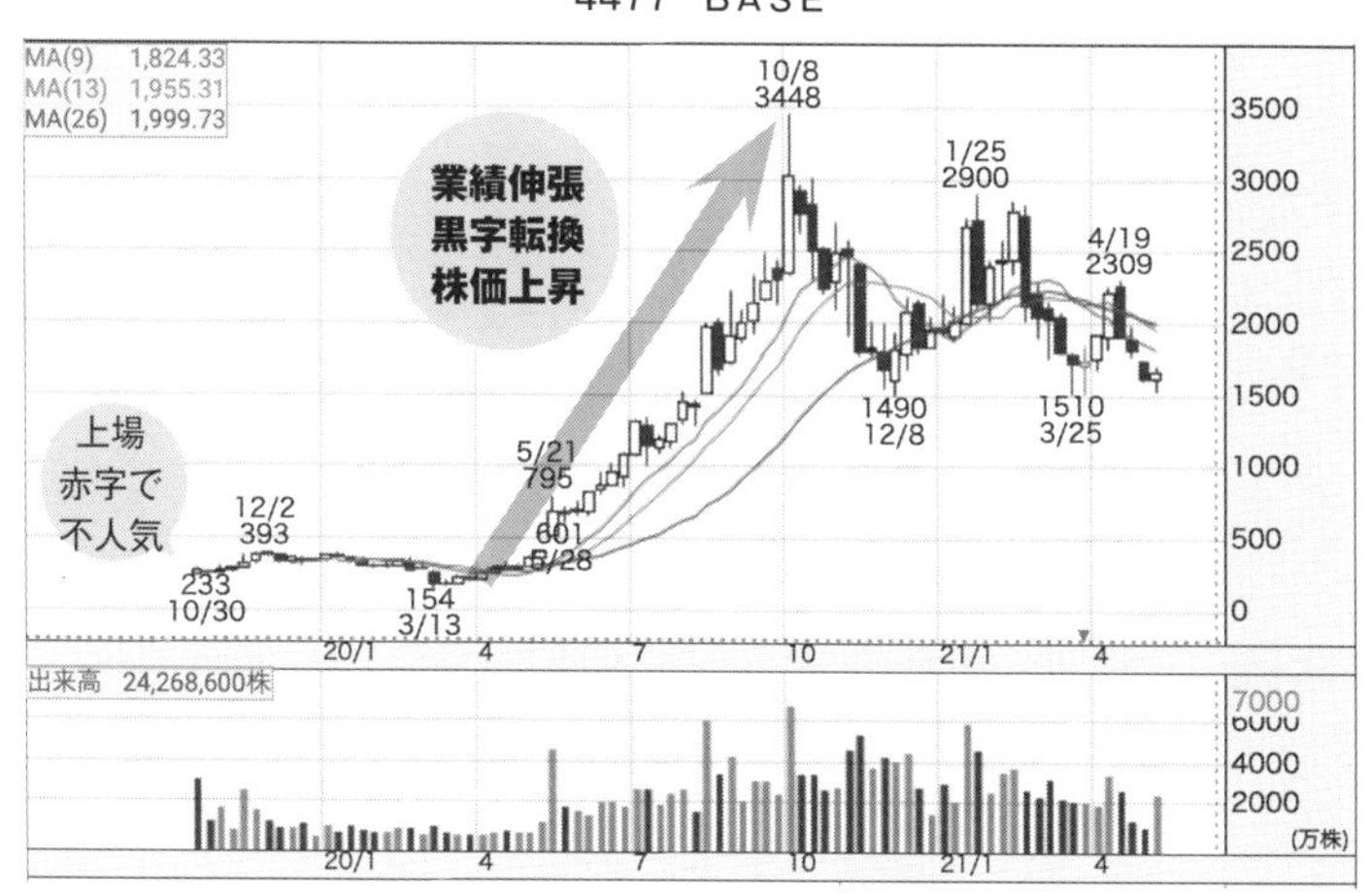

※本書では特に断りがない限り、「週足」チャートを掲載しています。

「株探」https://kabutan.jp

鬼100則 04

悪い時に強い会社を探れ

久々に、東証一部に復帰した東芝。

「おかえりなさい」と言いたい。

東芝は、１９０８年設立と歴史のある電機、重電、半導体、インフラの会社だ。

それが不正会計とアメリカの原子力の会社の買収でつまずいた。大赤字を出して、債務超過となり、会計の監査法人からも見放された。

２０１５～１７年のことだ。大概の投資家は知っている話だろう。

投資家は「債務超過」「上場廃止間違いなし」と叫んだ。

しかし、私はそれはないと確信していた。

そのわけはこうだ。
・大き過ぎて潰せない（四季報には連結従業員が11万８０００人とある）
・軍事機密を持っている

・社会のインフラを担う
・政治的に潰すのはまずい

そして、東芝は二部には降格したが、生き残った。

東芝の力は凄い。東電の福島原発の廃炉の一翼を担う。パワー半導体を作る。量子コンピュータ技術で力を発揮する。

その潜在能力は計り知れない。

東芝の株価は安値で１５４８円（現在の株数で）まで落ちた。

四季報に明確である。

それでも、先の理由で生き残った。

「絶対潰れる」という予想を覆して。

その最悪の時に「拾う」胆力が株で勝つための鉄則であり、セオリーである。

確たる情報を掴み、自信を持つことで、「上場廃止」の恐怖に立ち向かえる。

この投資の姿勢がチャンスを生むのだ。

東芝の現時点の株は４６００円台。危機の時から約3倍に化けている。

鬼100則 05

永続する会社、永続する投資

株式投資で大切なのは、「勝ったり負けたり」で、時間を浪費するのではなく、地道に資産を増やす計画的な投資をすることである。

良い時はそれなりに、悪い時は「チャンス到来」とばかりに、どちらに転んでも前向きに株を買い、利益を取る常勝の投資法を身に着けてほしい。

今は上下動が激しく、短期や超短期の投資が盛んだが、人生100年時代。(私は既に81歳だが) 年を重ねて揺るぎのない資産形成を行い、どの時代でも可能な投資をしてほしい。

その鉄則は「**暴落はチャンス**」「**悪材料こそ素晴らしい出会い**」という考えである。

この文章を書いている最中に、天下の野村ホールディングスがアメリカでの投資で巨額の損害を出して、株価が急落した。

前日比で15%もの急落。その後も下げ止まらず5日連続で陰線が続いた。

持っている人は生きた心地がしないであろう。

しかし、企業経営にはリスクがつきものだ。

金融でも、製造、サービス、ゲームでも、業界それぞれに、リスクは存在する。

何かのハプニング、暴落があった時に、真っ先に考えるべきは、その会社の「生き残る力」である。

野村證券はどうか。

腐っても、日本の証券の雄。四季報を見ればわかる。

証券売買だけではなく、海外で稼いでいる。その4割が海外由来。

しかも、ＰＥＲ（株価収益率）10％未満、ＰＢＲ（純資産倍率）０・69倍程度。

超割安である。

その野村がたまたま、アメリカの投資で巨額のマイナスを出しても、むしろ想定内だ。

4月27日の損失３１００億円の報道でアク抜けし、上昇を見せた。

下落に立ち向かう。その冷静さ、強(したた)かさにチャンスがある。

暴落の株価を喜んで、落ち着いた時に静かに拾う。その胆力が常勝の基本である。

「安い時を喜ぶ」のが、真に儲かる投資家だ。

第1章

10倍株に目をつける「7つのポイント」

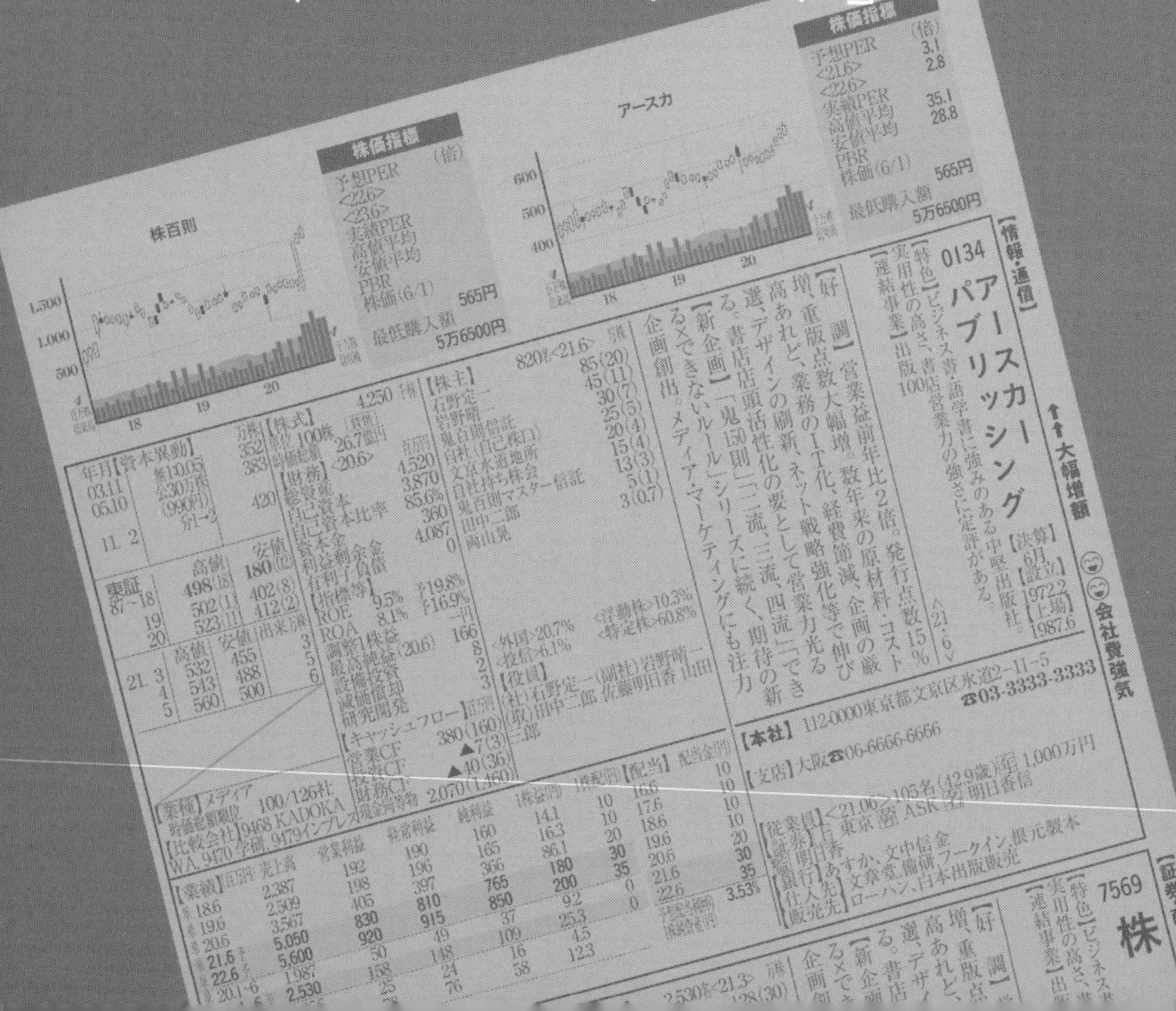

【情報・通信】

0134 アースカー パブリッシング

↑↑大幅増額 会社費強気

【特色】ビジネス書・語学書に強みのある中堅出版社。実用性の高さ、書店営業力の強さに定評がある。

【連結事業】出版100

【決算】6月 【設立】1972.2 【上場】1987.6

【好 調】営業益前年比2倍。発行点数15%増。重版点数大幅増。数年来の原材料・コスト高あれど、業務のIT化、経費節減、企画の厳選、デザインの刷新、ネット戦略強化等で伸びる。書店店頭活性化の要として営業力光る。

【新企画】「鬼150則」「二流、三流、四流」「できる×できないルール」シリーズに続く、期待の新企画創出。メディア・マーケティングにも注力

【本社】112-0000東京都文京区水道2-11-5 ☎03-3333-3333

【支店】大阪☎06-6666-6666

その企業が持っていると自分が考える価値より安いこと、そして正直で有能な人々によって経営をされていることがポイントです。

ウォーレン・バフェット

正しい判断力の持ち主は、太陽の持つ輝きはなくとも、星のように不動である。

フェルナン・カバリエーロ

鬼100則 06

時の人気テーマに絞れ

株式投資でテンバガー（10倍株）を狙う銘柄は、時の「人気テーマ」であることが前提だ。資金は常に、その時の旬なテーマや銘柄に集まるのが、これまでの傾向であり、セオリーだからだ。

古くて、誰もが飽きたような銘柄には、当たり前だが資金は集まらない。

執筆時点での最大のテーマは、地球の終末を回避する「温暖化防止」「脱炭素」である。そのために、人気銘柄のテーマは、電気自動車の全固体電池、電池の材料、再生可能エネルギーの太陽光発電、風力発電、水素、アンモニア、半導体。

このようなキーワードに集まる。

四季報を読む時には、これらのビジネスに関する銘柄に絞り、そのテーマでの勝ち組か、新しい動きがあるか、業績への貢献度はあるか、等を調べて、該当する銘柄を選ぶのが良い。

例えば、全固体電池のテーマであれば、「全固体電池関連銘柄」とＧｏｏｇｌｅ検索すれば、「株探」の「全固体電池テーマ株一覧」がトップに出て来るだろう。そこに出て来た銘柄を四季報で確認すればよい。

もしくは、四季報のオンライン会員であれば、四季報オンラインのサイトで「全固体電池」を検索すれば「四季報」情報もしくは「ニュース」の中から、該当する銘柄や推奨銘柄を手っ取り早く探し出せ、リンクされた詳細ページに飛べる。

もちろん、大手ではなく、小型株、新興市場に絞る方が株価の変化率が良いので、「マイナー系」の銘柄から四季報を見よう。

そこで、値動きが良いもの、右肩上がり、下値からの反発銘柄を探せば、投資の効率が良くなる。

テーマ銘柄であっても、タイミングにより、入るところではない場合があるので、そこは要注意である。

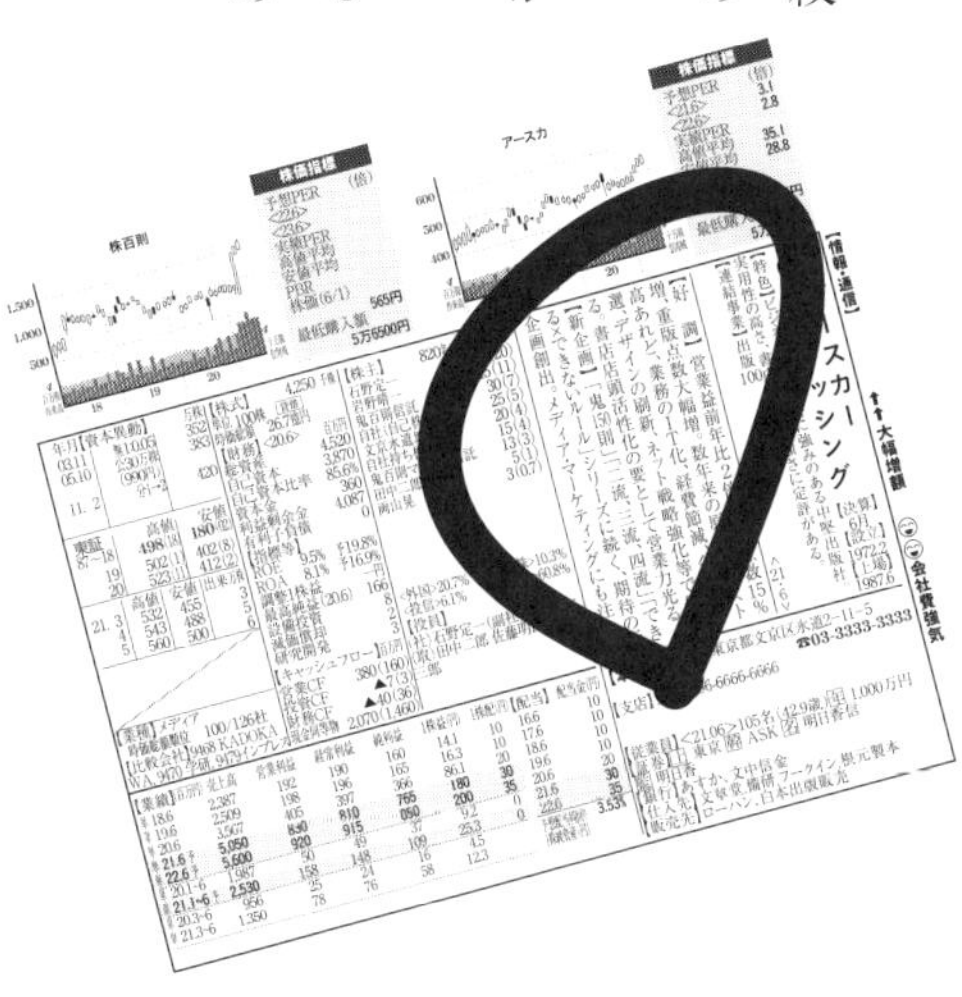

鬼100則 07

業績の変化率が命だ

株価に一番大きなインパクトを与えるのは「業績の変化率」である。

テンバガーに育つには、「驚くような好業績」「目を見張る業績回復」というような業績の動向が必須だ。

毎日のニュースや、身の回りの変化、人出や人気等で推量することもできるが、四季報で簡単に見分けられるのは、欄外の「⬆⬆」の銘柄だ。

ざっくり、これで探せる。

⬆⬆なのは、前号比で30％以上の営業増益銘柄である。

ただそれだけでは、判断には不十分だ。１つの情報で見境なく飛び乗るのは愚の骨頂。

ゆえに、経常利益（税引き前利益）、純利益も順調に伸びていることを条件とする。

例えば、トヨタ紡織（３１１６）は⬆⬆。

これを見ると、売上高、営業利益、税前利益、純利益、配当で申し分がない。チャートを見ても長期では下げ止まって反転の勢いが見える。事業はトヨタ系の自動車内装品で世界4位。申し分ない。

時価総額３８００億円の大型株だからテンバガーにまで伸びるかは微妙なところだが、中長期の投資にも向いている。

中古車販売のネクステージ（３１８６）も⬆⬆だ。四季報の業績コメント見出しに【最高益更新】とあるように、売上高から一株利益まで申し分がない。チャート（日足）も押し目を形成しながらの右肩上がり。

美味しい銘柄の１つである。

このような銘柄でタイミング良く投資すれば、負けようがないだろう。

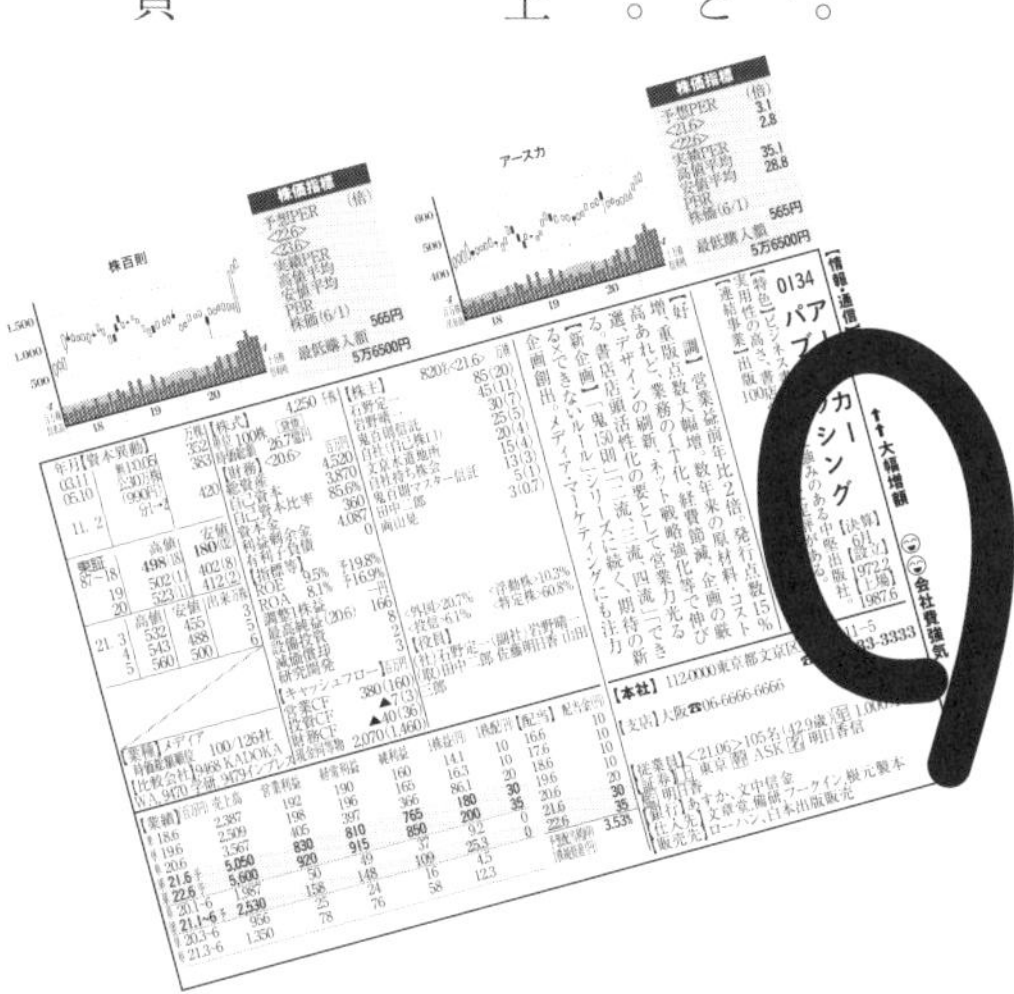

鬼100則 08

チャートが右肩上がりの銘柄に特化する

紙の四季報に掲載されているチャートは「月足」の長期向きのチャートである（オンライン版は1分足から月足まで選べる）。

昨今の売買で多用するのは、日足、週足。短くて1分足、5分足等だが、安心して、中長期の投資をするのであれば、月足でなだらかな右肩上がり、かつ業績が順調に伸びているかを見定めよう。

これは投資で勝つ確率が極めて高い。

その目で四季報の月足チャートを見る。

もちろん、最新の四季報で月足チャートの形が良くても、突発的な事件で株価が急落している銘柄もあるので、四季報に加えて、至近のネット検索も怠らないほうが賢明である。

もしくは、四季報オンライン等で長期の上昇率でのスクリーニングをすることだ。

その目で見ると、スシロー改めFOOD&LIFE COMPANIES（3563）が目立つ。回転ずし首位、日本全国で展開。業績は「独自増額」、申し分ない。5000億円を超える大型株だが、押し目を形成しながらの上昇。中長期で利益を得られる匂いがプンプンしている。

しっかりとした目で見ると「儲かる銘柄」が割合簡単に見つかる。

PC向けオンラインゲームの先駆であるネクソン（3659）の動きも注目だ（ビットコイン下落のあおりで一時的と見られる急落中だが）。

このような銘柄は結構多いので、四季報の長期チャートから自分好みを探そう。

極めて高い確率で右肩上がり。すなわち、お金が増えるチャートの銘柄に投資したい。

3563 FOOD&LIFE COMPANIES（月足）

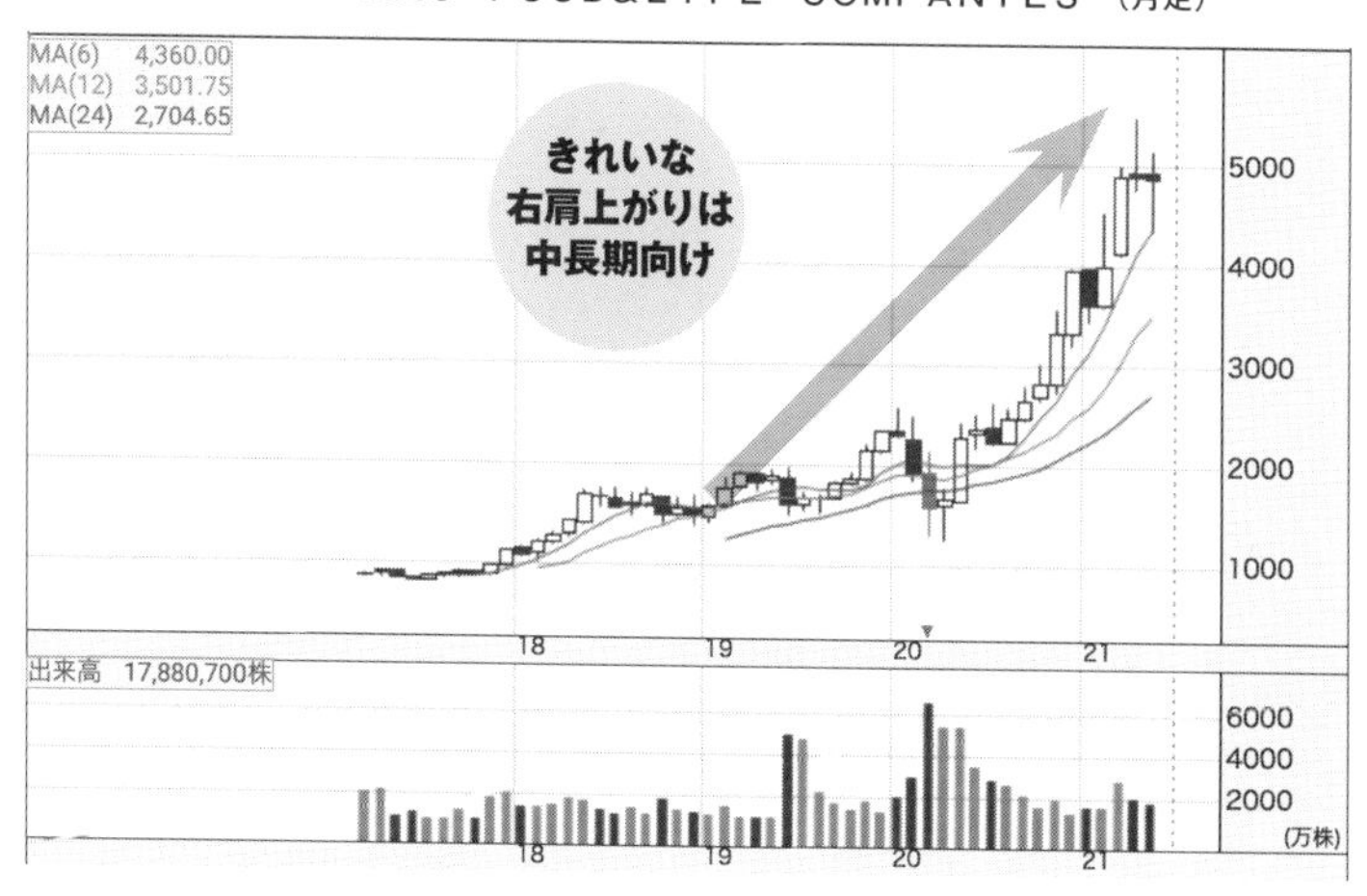

「株探」https://kabutan.jp

割安な数値にこだわれ

長期で保有するには、株価の下値不安が少ないことも条件となる。

そうした銘柄の探し方としては、人気のテーマであり、かつ、株価の水準が低いことである。

すなわち、株価の位置を図る重要な指標である「ＰＢＲ（株価純資産倍率）」や「ＰＥＲ（株価収益率）」、「ＲＯＥ（自己資本利益率）」の数値から、買われ過ぎていない、上げ過ぎていない、割安である、等の条件をクリアした銘柄に目をつけていきたい（第８章参照）。

その銘柄は明らかに割安だし、大口、ガイジン等が必ず目をつけるし、投資信託等に組み入れられ、先行き株価が上がる可能性が極めて高い。

この数値は株価と連動して動くので、紙の「四季報」よりも「四季報オンライン」や証券会社のサイトでスクリーニングした方が早い。もしくは「株探」や「Ｙａｈｏｏ！ファイナンス」等の「高ＲＯＥランキング」をチェックしよう。

例えば、リックス（７５２５）はＥＶ関連でもある機械関連の商社で業績も底打ち、反発期待銘柄。予想ＰＥＲは21年３月が１０・８。22年３月では７・８と割安、ＰＢＲも０・７５と1倍以下である。ＲＯＥもまあまあだ。

ホットヨガを行うアールビバン（７５２３）も全ての面で割安。業績上向きでチャンスがあるか（執筆時は押し目形成中）。

この銘柄検索方法は安定した見方ができる。

人気の船舶の銘柄もほとんどがＰＥＲ、ＰＢＲの点で極めて割安である。チャートも経営環境も極めて良好である。

スクリーニング条件

PBR	＜ 1　倍
PER	＜ 10　倍
ROE	＞ 40　%

人気の割安銘柄を数値で割り出す

鬼100則 10

【着実増】【堅実増】【堅調】等の微ポジティブコメントに着目

四季報の情報で大切にしたいのが「コメント」にあるプラスイメージである。【絶好調】とか、【最高益】という見出しは魅力だが、既に買われているとか、高値波乱の銘柄が多くなる。

その点で、着実に利益を増やしている銘柄は、チャートの上でも穏やかに上げていることが多いので、仕込んで上値を取るチャンスも多い。

例えば産業廃棄物のミダック（６５６４）に【着実増】のコメントがある。

産業廃棄物は、企業活動ではどうしても出るし、その処理は環境対策でも大切な仕事である。目立たないが、このビジネスで伸びるこの会社のチャートはきれいな右肩上がり。２０１９年5月の６３３円から21年5月の６５００円と、既にテンバガーを達成してしまったが、押し目形成時はチャンスと見る。大幅な減益は考えにくい業績である。

【堅実増】では、ベガコーポレーション（３５４２）がある。

家具、雑貨のＥＣ運営。在宅比率上昇でＹｏｕＴｕｂｅ活用の宣伝が効く。株価は底値から上値を目指す。

独立系のシステム開発のＳＲＡホールディングス（３８１７）は【堅調】。画像認識ＡＩの展開に活路、タイミング良く摑みたい。

このようなじわりじわりの動きを業績、トレンド、ともに大切にしたい。

急騰銘柄も面白いが、急落の可能性が出て来るので、地に足のついた取引を望むなら、チャートも穏やかな動きが望ましい。

6564　ミダック

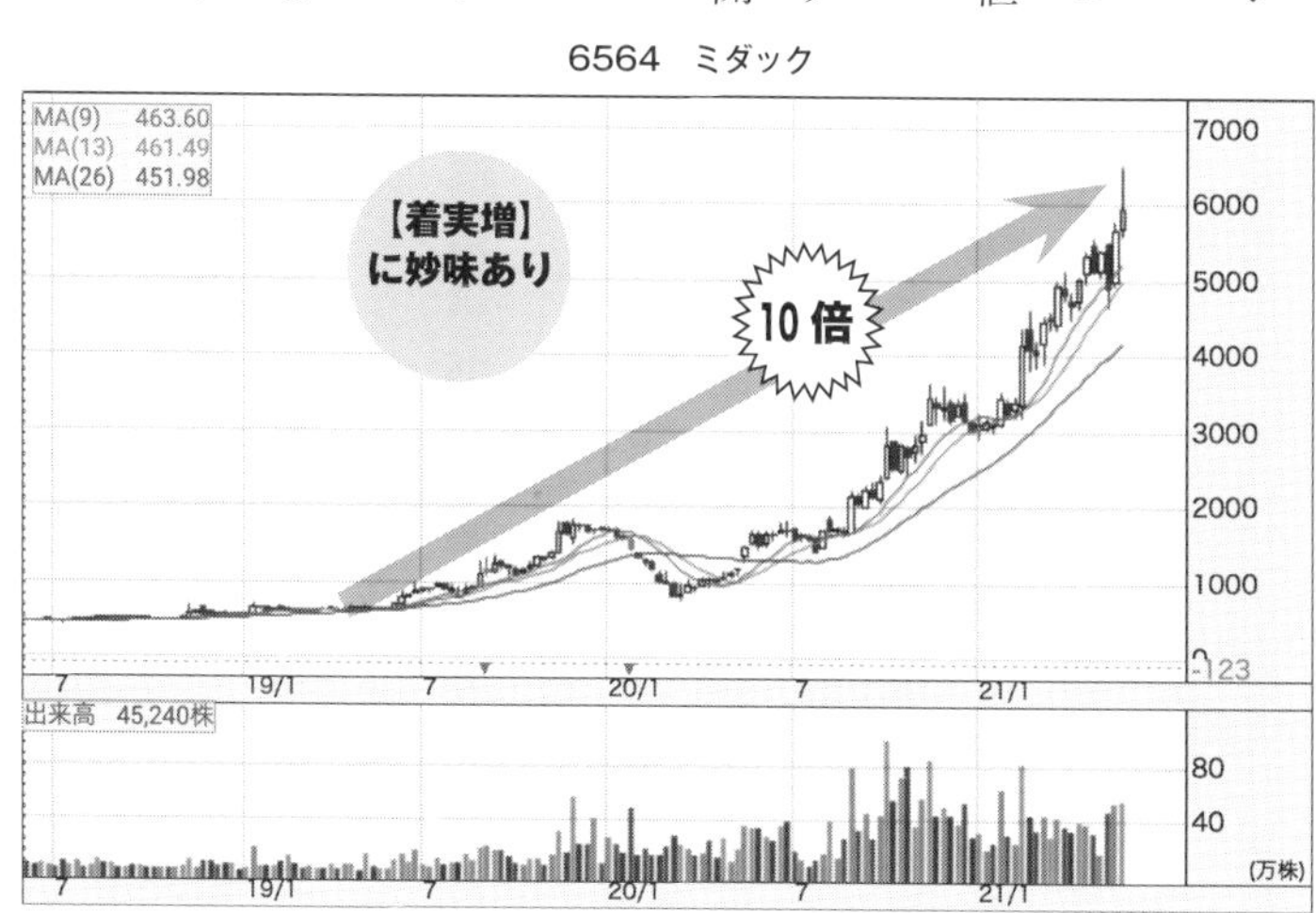

鬼100則 11

オーナー企業に目をつける

株価が大きく化ける、テンバガー株になる要素に、「オーナー社長」というのがある。新興の銘柄に多いが、経営責任者がオーナーであるがゆえに、意思決定が迅速で、トップダウンで時の流れに乗ったビジネスを機動的に進められるという特徴がある。

大きく化けて来た銘柄の中には、トヨタ、ソフトバンク、ソニー、日本電産、ファーストリテイリング（ユニクロ）、京セラ等、元々強烈な個性を持つ創業者が株も持つオーナー企業である数が多い。

その大化けの企業の黎明を四季報で探す。そこに、株価が大きく化ける要素がある。楽しみな四季報読みの作業と言える。

２０２０年12月の新規上場のかっこ（４１６６）は、決済コンサル事業、特に、不正検知サービスはネットでの取引が増えるご時世に伸びしろがあると考える。創業者で代表取締役の岩井氏が19・8％を握る筆頭株主だ。

ココペリ（4167）も20年12月の新規上場だが、中小企業のオンライン対応支援。これから伸びると予想できる事業である。創業者である代表取締役CEOの近藤氏が株の3割を持つ。株価は人気先行からやや落ち着いているが、押し目からの復活にチャンスがありそうだ。

ヤプリ（4168）は、アプリ開発、運用、分析等の仕事でデジタル接客を伸ばす。創業者の1人である庵原氏が代表取締役として20・7％、共同創業者の佐野氏が同じ数を持つ。株価は時々の動きで上下するが、トレンドをうまく掴みたい。

若い会社の創業社長がトレンドのビジネスで成長を目指す。日本の未来は明るい。

創業者がオーナー社長である若い会社で将来を買う

かっこ　HP

ココペリ　HP

ヤプリ　HP

鬼100則 12

時価総額、浮動株に注目だ

株価が大きく化ける、テンバガーになる要素としては「時価総額が小さい」「浮動株が少ない」というのが重要な要素である。

いかに素晴らしい企業でも、大企業、重厚長大の会社の株価で10倍を狙うのは「ないものねだり」である。

安定はしているが、大きく化ける可能性は極めて少ないと言える。

その点からすれば、東証一部の小型株、二部の銘柄、ジャスダック、マザーズの銘柄が対象になる。

もちろん、小さいだけで株価が上がるわけではない。業績そのほかの要素が揃った上での「時価総額」論だということは言わずもがなである。

企業サービスのデジタル化ビジネスのKaizen Platform（4170）は

時価総額283億円。浮動株はわずか8・2%と、化ける要素がある。押し目活用がベターだ。

ECサイト、Webシステムの受託開発のアピリッツ（4174）は時価総額95・8億円、浮動株はなんとわずか4・3%だ。動き出し、好材料が出るとたちまちストップ高の要素がある。

この手の銘柄は、時価総額、浮動株の条件で探せば、たくさん出て来るので、自分なりの物差しで有望な銘柄を確保するのが良い。

化ける可能性のある小型の銘柄、IPO銘柄は良く監視して、強か（したた）にタイミング良く投資して利益を確保したい。

それが四季報の賢い活用法である。

検索

・時価総額下位
・東証２部、ジャスダックやマザーズ
・IPO 銘柄
・<浮動株> 10%以下

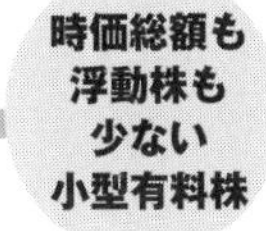

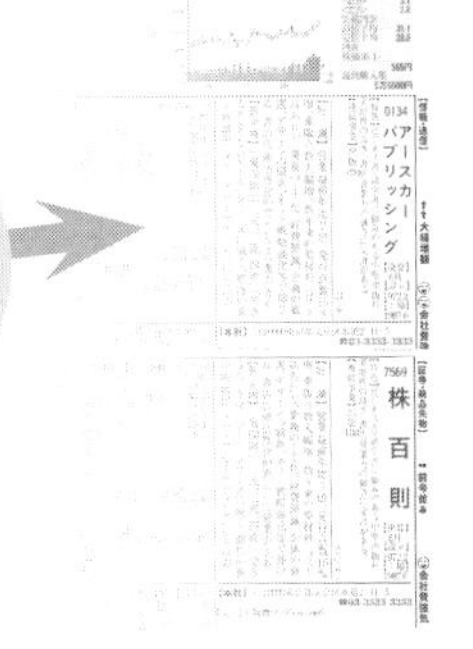

第2章

「四季報倒れ」にならないための心得

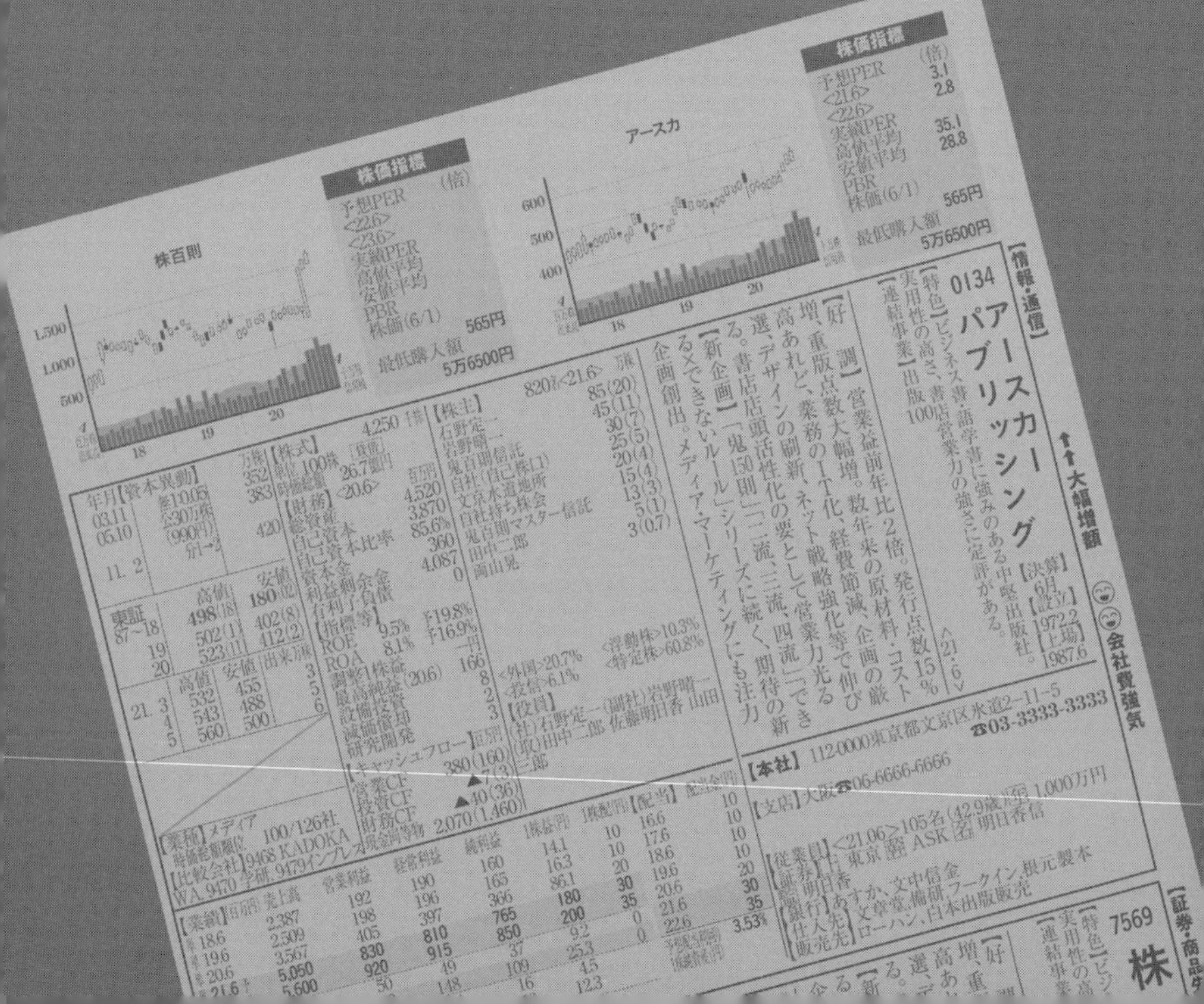

【情報・通信】
0134 アースカー
パブリッシング
↑↑大幅増額
会社費強気

【特色】ビジネス書・語学書に強みのある中堅出版社。実用性の高さ、書店営業力の強さに定評がある。
【連結事業】出版100
【決算】6月 【設立】1972.2 【上場】1987.6

【好 調】営業益前年比2倍。発行点数15%増、重版点数大幅増。数年来の原材料・コスト高あれど、業務のIT化、経費節減、企画の厳選、デザインの刷新、ネット戦略強化等で伸びる。書店店頭活性化の要として営業力光る。
【新企画】「鬼150則」「二流、三流、四流」「できるヤツできないルール」シリーズに続く、期待の新企画創出。メディア・マーケティングにも注力

【本社】112-0000東京都文京区水道2-11-5 ☎03-3333-3333
【支店】大阪☎06-6666-6666

必要な条件を全て与えられながら、
即座に決断を下すことのできない人は、
いかなる決断も下すことはできない。

アンドリュー・カーネギー

唯々、平日此の米上がるか下がるかを考え、
仕掛け申すべきこと肝要なり。

本間宗久

鬼100則 13

四季報だけを頼れば負ける可能性がある

誰もが気にしている企業業績。その動向。変化率。

それを表したのが、日本で紙媒体では唯一、ほぼ完全な形で出している東洋経済新報社の「会社四季報」である。

ちなみに、これに対抗して出していた日本経済新聞社の「日経会社情報」は、２０１７年で廃刊し、ネット情報のみとなった。

シェアの点で圧倒的に四季報に負けていて、採算が取れなかったためだろう。

それだけ、四季報は投資家のみならず、あらゆる方面から支持されている。

何しろ、80年を超える歴史があり、その積み重ねた膨大なデータに基づいて書かれているので、信ぴょう性がある。

しかし、信頼のおける投資情報の存在と株式投資の勝ち負けは別である。

株価は上げるか、下げるかのどちらかだが、この変動の差益を取るには、いち早く動きを察知して、リスクを取ることが大切だ。

株式投資は、言わば「ババ抜きゲーム」である。

例えば、良好な情報を得ても、既に上がり切った株を買ってしまったならば、それ以上に上がる可能性がない。つまり、差益を取れない。

四季報で素晴らしい経営や業績の良い会社を探し出して、即その場で買っても、差益が得られる保証は何もないのだ。

ババ抜きで、いち早く「上がり」を手に入れる。ほかを出し抜いて負けを封じる。

そのコツは四季報の外にあるのだ。

6701　NEC　日足

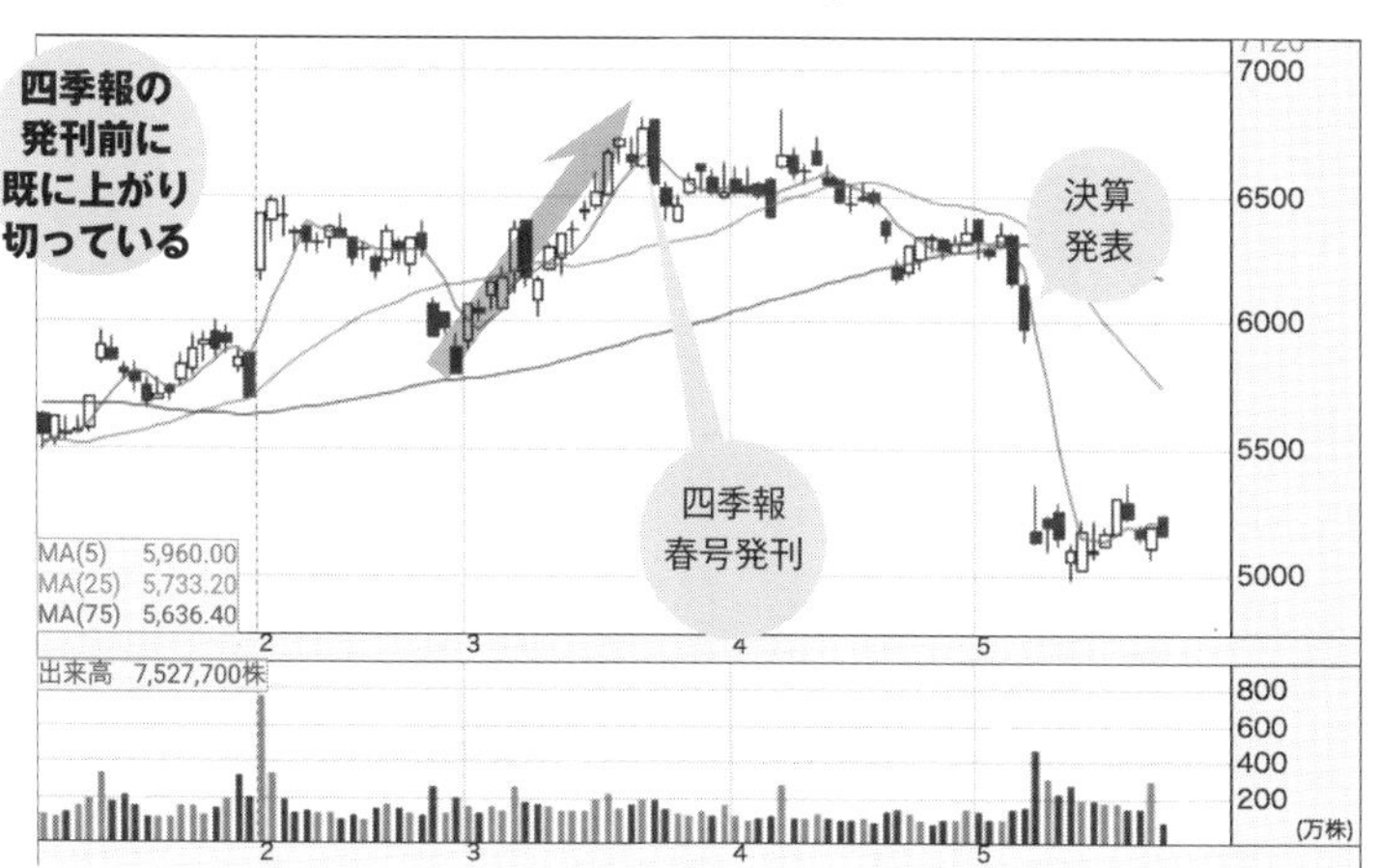

「株探」https://kabutan.jp

鬼100則 14

四季報は「最低限入れておきたい」ファンダメンタルズの知識

株式投資のバイブルとも言われる（自称する）四季報は、その情報が株価を左右する一面がある。

会社の資本金や決算月、主な事業、取引先、大株主、役員構成等の「入れ物」はある程度固定された情報だ。

財務諸表はほぼ四半期ごとに発表されるが、昨日今日で変化するものではない。

ただ、企業を取り巻く環境は、日々刻々と変化している。

業界の状況はもちろん、世界的なお金の流れの変化でも、業績動向や株価に大きな影響はある。

その面では、四季報に掲載されているファンダメンタルズの情報に加えて、日々のニュースをしっかりと把握し、企業業績へのインパクトを予測しなければならない。チャートや出来高で「買われ過ぎ」「売られ過ぎ」も意識しなければならない。

創薬関連の銘柄であれば、劇的な治験の成功が伝えられれば、その会社の業績見通しは俄然変わる。劇的な材料は時に、データを凌駕することがある。

また、企業の吸収合併、事業提携、目立った受注の動きもその関連の会社に関して、極めて大きな影響がある。

これを考えれば、四季報は価値があるが、既存の、既知の情報であり、それに加えて、いかに新しい情報を手にするかが、株価変動を素早く予測する大切な姿勢だとわかる。

自分で、どの銘柄に可能性があるかを常に判断する能力を身につけることで、株式投資の勝者の資格を確保できるのだ。

誰もが読んでいる四季報だけで、株式投資の勝ち組になることは困難である。

強いて言えば、四季報は「最低でも読んでおきたい情報」である。

四季報にあるのは、「十分なデータ」ではなく、「最低限必要な情報」なのだ。

それ以上の果実は、あなたがどれだけ日々努力して「旬な情報」を掴むかにかかっている。

鬼100則 15

先を争って四季報好感銘柄を買う愚を知る

四季報は、プロもアマも利用している。しかも、発売日には多くが我先に買いに走る。ここに、注意しなければならない。

偶然、良好な情報を四季報で見つけて「これは買いだな」と判断しても、その時点では既に多くのプロやセミプロが手をつけているとイメージしておけば間違いがない。

株価は市場が決める。

せっかく、良好な業績動向が四季報で明らかになっても、既に株価に織り込まれていることが少なくない。

だから、四季報や決算情報が出た時は、その情報が出る前の株価の推移を見て売買の判断をしなければならない。

隠された情報を市場が先食いしていれば、「決算情報で材料出尽くし」となるからだ。

四季報の「良い情報」はある面で無力だ。

四季報についてのプロの対応は素早い。

定期購読をしていれば、前日に届く。オンライン版が最新情報に更新されるのは、発売日の0時30分頃だ。書店で一般発売される前に瞬殺で情報を見、上方修正予想の銘柄には、すかさずチェックを入れる。その後チャートの形や信用倍率等を見ながら買いを入れても、寄り付きまで大分時間がある。

順番から言うならば、個人投資家のあなたが発行当日やじっくり読んだ翌日にのんびり行動していると、チャンスは少ない。

四季報の内容は素晴らしい。

しかし、その情報を活用するには、スピードと時間差で買いを入れているだろうほかの投資家の心理をおもんばかる冷静な視点が必要だ。

四季報を見て我先に行動しても、意味がない。

四季報の向こう側にいる幾多の投資家の行動を推測して動かないと、失敗してしまうのだ。

鬼100則 16

四季報だけを見ない

投資はスピード、感性の勝負である。

スマホでも、テレビのニュースでも、リアルタイムのニュース、情報をゲットする。

素早い情報の感知、反応が株の世界では肝心である。

それができるのは、日ごろの四季報の読み方次第だ。

投資対象としている会社に対する基礎的な知識や数値の把握があり、その上で、変化に対応することで、的確な投資の判断が可能となる。

以前と違い、最近の株式投資は極めて短期の変化への適応力が試される。

国が違っていても、経済はつながり、世界は1つである。

思いもよらない国とのつながりで、経済が活性化し、沈下する。

日々、活用しているサービスや口にしているものも、その生産や産地は、はるかに遠い国からのものが多い。

地球の裏側で起きている異変も、他人ごとではないのだ。巡り巡って、生活に影響するのはもちろん、株式市場に影響し、株価の変動要因となる。

ある1つの変化から波及する個々の銘柄への影響を連想する力を持つことが、取引での成功を決める。

四季報は年に4回発行されるが、企業や経済に関する動き、ニュースは日々新たである。

このリアルタイムの情報にいかに敏感になるか。

うまく、ニュースを摑むか。

これは極めて重要な、株式投資で勝つ要素であり、企業情報と合わせて読み解くスキルや頭脳が要求される。

スエズ運河の事故で株価がどのように動いたか。

バイデン米大統領の政策でどの銘柄が上下したか。

よく考えるべきである。

四季報は株式投資の1つのツールに過ぎない。

四季報の情報だけでなく…

四季報

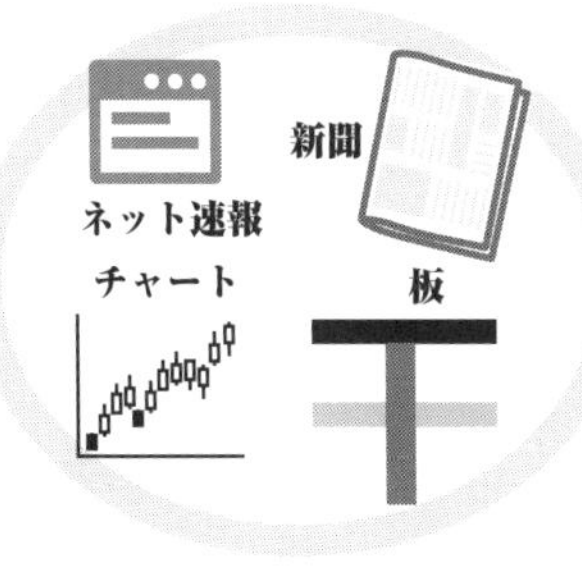

鬼100則 17

「生きた四季報」を持て

かつてはユニクロ、最近はワークマンが、小売り関係で目覚ましい成長を見せた。お店の周りに人の列ができる。駐車場がいっぱい、お店の中も人でいっぱいだ。東京・ソラマチのワークマン新規店では列をなして順番待ちのチケットが配られた。若い人、女性のお客さんが増えた。

送料負担を強いる楽天から撤退して自前のオンラインショップを立ち上げた。このような、今までにない異変が見られたら、それは、やがて四季報の業績数値に反映されるはずである。

かつて1000円台であったユニクロのファーストリテイリングの株価は、2021年3月に11万円以上の値をつけた（日銀のETF買いの変更で下げたが）。何十倍どころか、百倍である。

もっと以前を考えれば、ソニー、トヨタ、東京エレクトロン、コーセー等、日本を代表する会社も最初はリーズナブルな株価であった。

企業の成長とともに、株価も膨らんで来た。

私たちは、さまざまな形やご縁で消費活動や経済活動をしている。

株式投資だからといって、特別に構えてかからなくてもいいのだ。

身の回りの異変に敏感になり、それに機敏に反応することで、勝機をつかむことができる。

素晴らしい発明やアイディア商品が身の回りから生まれるのと同じように、企業価値の変化や成長も身近に存在するので、そこにしっかりと、目を配ることが大切だ。

それが四季報を素早く活用するための大前提になる。

お店の混雑度。若者のトレンド。女性のファッション。ＳＮＳでの話題化。

ここに、投資のヒントがある。

それが四季報とコラボした時に、「投資の当たり」銘柄が得られる。

ここが肝心である。

鬼100則 18

四季報で勝つのは誰かを知る

四季報に出ているプラス、マイナスの材料は、発売時には既に株価に織り込まれていることが多い。

まさに、その格言の通りなのが株価形成の現実である。

「知ったらお終（しま）い」。

企業や周辺から情報が漏れない確証はないし、各四半期の決算情報から予想できる内容もある。

そうでなくても、発行日の朝一で、前日に情報を仕入れたプロの投資家達が手分けして「瞬殺」で、好材料の銘柄を先取り買いしてしまうことさえある。

それは紛れもなく、四季報で勝負を仕掛けるプロの投資家たちの現実の活用法である。

役に立つ情報は、素早く使って優位に立つ。

これが「生き馬の目を抜く」と言われる株式市場の常識である。

四季報が貴重な情報であるがゆえに、その情報を1秒でも早く活用して株の売買を行い、優位に立つ。

大金を使って「リスクを取る」とはそういうことなのだ。

何億円ものお金を使い、財を成す。結果を出す。

これはそれを生業とする人たちには、当たり前の活用法だ。

それを知らずに、「遅れて、好材料の株価を買う」のは、既に、先に買ったプロたちに利益確定の場を提供する「カモ」そのものである。

5分でも1時間でも早く入るよりも、既に知られた情報で、株価がどのように変化したかを冷静に見極めることが先決だ。

株価の動きを見ると、極めて良い情報が四季報で出された時は、既に相当前から株価に反映されていることが多々ある。

投資のプロたちは、現場調査や独自のアンテナで、会社の業績動向を的確に予測し、先んじて投資しているのだ。

鬼100則 19

隅から隅まで読破するべからず

株式投資で四季報をうまく使うには、「絞る」という作業、考え方が大切である。

当たり前だが、情報の勝者は「プロたち」である。

生保等の機関投資家、豊富な資金力を誇る海外のファンドに情報で太刀打ちできない。

勝ち目のない土俵で戦っても、損が膨らむだけである。

「四季報を株のバイブルにする」「隅から隅まで読み倒す」。

これを時間と資金に余裕のない個人投資家が行うのは、おすすめできない。

あなたの目的は何だろうか。

日本の全ての上場会社の動き、業績を漏れなく追跡し、把握することに喜びを覚えることだったろうか。

否、最低限の労力と資金を手に、頭をフル回転させて最大の儲けを得ることだろう。

ならば、絞ることである。

株式投資は、全てを投資対象にしなくても「たった1銘柄」の変動で、立派に差益を得ることができる。

四季報を活用するにしても、ある企業や業界に絞り込めば、３８００銘柄の多くを監視しているプロたちに作業や注意度等で、勝てないことはない。

「私はゲームだ」「私はＩＴだ」「私は化粧品」。

このように絞ることで、その関連企業の業績や株価チャートを精度高く監視できる。

私は昔から「電機」が好きである。

それは高校が電気通信科だったからだ。なので、ソニーや富士通、チェンジ等をはじめ、今はやりの人工知能、デジタル関連には強い。

これでいいのだ。

「私は釣りが好きだから、ワークマンや釣り関連企業が好きだ」。

それでいい。

何でも知りたい。全ての人気銘柄に乗りたい。

そんな無謀な思いで四季報読破にとり憑かれるより、絞った投資で効率良く利益を上げよう。

情報は選択が大切だ

今述べたことに関連するが、情報やデータは多過ぎると「散漫になる」。

株価は時々刻々と変わるので、それに即応するには、余分な情報は捨てた方が賢明なのだ。

「あの人があの銘柄で儲かった。私も」と欲張るのは、株式投資で負ける要因になる。

なぜならば、さしたる情報も知識もないままに買えば、多少の株価の揺れで怖くなる。

こらえきれなくなって投げる。

損をする。

しかし、株価は一本調子で上げるわけではなく、どのような上げ基調の銘柄でも「上げ下げ」の揺れが起きる。

その変動に惑わされて保持できなければ、その先の急騰からの果実を手にはできない。

それに対して、四季報で確たる情報を、得意分野に絞って仕入れて投資をするならば、多少の揺れはあっても「高み」に乗って、恐怖心なく投資できる。

結果的に「テンバガー」も手中にできるのだ。


大きな株価の差益を取れるかどうかは、「情報の量」ではない。

「強固な自信と確たる裏づけ」である。

狭くても少なくても、この株価に至った背景に自分なりの確信があるならば、しっかりと上げトレンドにお付き合いができる。

「あれもこれも」という食い散らかしの投資、情報管理では、少ない利益で逃げることになる。

結果、「勝ったり負けたり」の繰り返しだ。

決して良いことはない。

四季報を読破して得る「薄く広い不確かな知識」よりも、**「四季報を核にした情報収集で得た銘柄への確信」**。

どちらが勝利に近いかは、言わずもがなだろう。

鬼100則 21

記者も人間である

東洋経済新報社のサイトによると、「会社四季報」編集部には120人以上の記者が在籍して、3800以上の銘柄を業界別に監視しているようだ。

単純に計算すると1人で約32社を担当していることになる。

年4回の発行で、32社であれば私からすれば「難しくはない」が、全ての情報、バランスシート、経営トップの姿勢から健康度合い、関連企業との関係、顧客の動向を把握し伝えるとなれば、そんなにたやすいことではない。

もちろん、担当の一個人だけの情報や見立てだけで四季報が書かれているわけではなく、編集トップの目があり、詳しいチェックで信頼性を保っているはずである。

しかし、私も昔、記者をやっていたのでわかるが、記者は「万能」ではないのだ。

120人もいれば、個人的な事情で「不調な時」もあるかもしれない。

しかも、企業業績や開示前の情報に触れる職業柄、インサイダーとなるので株の売買はできない契約となっているだろう。

つまりは株の修羅場で磨いた、私たち個人投資家の丁々発止の感覚とは違った視点だと思えばいい。

大金を投資する媒体として使うためには、そこまで検討し評価するクリティカルな眼が必要である。

四季報を参考にはするが、頼りにせず、自分なりのクロスチェックをしっかり行い、日々新たな情報を勘案しながら、売買の判断をすることだ。

私は個人の経歴や名前を出して、ここで書いている。

しかし、四季報の記者の名前は探しても出て来ないし、版元の信用が表に出る。

お金を預けるからには、慎重な上にも慎重が必要で、「100％の依存はしない」くらいの自立の立場を維持しないと確率の高いリターンを得ることは不可能なのだ。

鬼100則 22

情報に100%はない

四季報の売りは「来季、来々期」までの業績予想を掲載するということ。
また、会社の予想の数値に対して、記者独自の視点での予想も載せている。
これは貴重な情報と言える。
ただ、経済や経営環境は水物だ。
2年、3年先のことまで、誰が予想できるだろうか。

実は私のこの『株「会社四季報」の鬼100則』は、2020年6月に出す予定だった。2020年初頭から執筆に入っていたが、折から「新型コロナウイルス」が中国の武漢で発生した報道があった。

空の便が普通に開かれている時点。中国の春節の時期も重なり、たちまちのうちにウイルスは日本国内に侵入した。

豪華客船ダイヤモンド・プリンセス号で感染が広がる。

右肩上がりだった株価が天井をつけた。

この時点で「今出すのは確信が持てない」ということで、私は執筆を中断した。

当然ながらこの時書きかけた原稿の内容は、現状とかけ離れているので、今回また一から書き直している。


それほど、株式投資のベースは変わる。

四季報は長期的なトレンドを複数の期間の発行書を読むことを前提にして使うならば、その価値、利用のメリットがある。

しかし、経済や社会は急変することがある。

いや、生き物の社会、生きている環境だから、「変わるのが当たり前」である。

そう考えないで、固定した考え方で企業を見るのは危ない。

四季報は貴重だが、経済、経営環境の全てを表すものではない。

このことに留意して活用することがリスクを溜めこまない、確率を上げる条件なのである。

第3章

「会社四季報」で勝ち組になる活用法

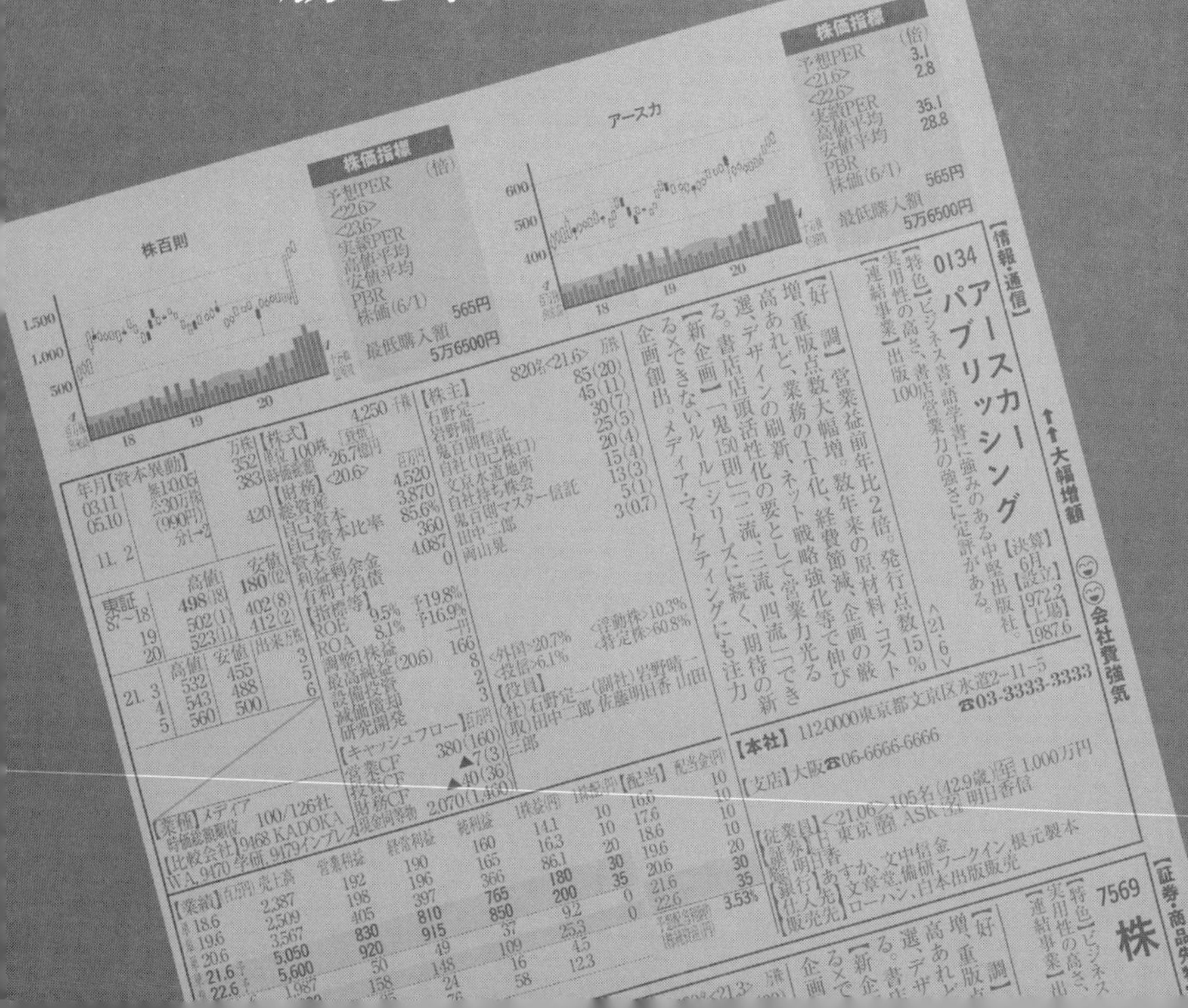

【情報・通信】

0134 アースカ パブリッシング

【特色】ビジネス書、語学書に強みのある中堅出版社。実用性の高さ、書店営業力の強さに定評がある。

【連結事業】出版100

【決算】6月 【設立】1972.2 【上場】1987.6

↑↑大幅増額

会社貴強気

【好　調】営業益前年比2倍。発行点数15%増、重版点数大幅増。数年来の原材料・コスト高あれど、業務のIT化、経費節減、企画の厳選、デザインの刷新、ネット戦略強化等で伸びる。書店店頭活性化の要として営業力光る。

【新企画】「鬼150冊」「二流、三流、四流」「できる×できないルール」シリーズに続く、期待の新企画創出。メディア・マーケティングにも注力

【本社】112-0000東京都文京区水道2-11-5 ☎03-3333-3333

【支店】大阪☎06-6666-6666

株価指標

予想PER 3.1 2.8

実績PER 35.1

高値平均 28.8

株価(6/1) 565円

最低購入額 5万6500円

7569 株

成功するトレーダーは人間の本質を学び、一般の人々が行うこととは逆のことを行います。

ウィリアム・ギャン

理屈のうえでは、人生は偶然と選択が混ざりあってできている。

エドワード・オークリー・ソープ

鬼100則 23

四季報は縦横に読め

「会社四季報」では、基本的にほんの半ページに会社の諸情報が盛り込まれている。

たった半ページではあるが、**比較する会社**は近隣にたくさん載っている。

同じ業界でも、勝者と敗者がある。同格がある。競争相手がある。

同業でも、どこが違うのか。お目当ての会社の強みは何か。時代性に合うところはあるのか。先取りの投資はしっかり行っているか。調べるところはいくらでもある。

これを横の情報とすれば、**年に4回発行される四季報の見比べ**で、会社の足跡はどうなのかという縦の情報にも注意する。

事業は成功しているか、良くなっているのか、そうではないのか。

もし、大きな変化が良い方向に出ているならば、株価はそれに応じて変動する。上がる可能性が高い。

10倍株への投資で大切なのは、瞬間的な「好調」ではなく、会社の経営方針が時代に合い、消費者や業界の中で必要とされているかどうかである。

それが時代のトレンドに合っていれば、継続的に需要を作り出し、価値を提供して、人々の生活の豊かさに寄与し、その会社の繁栄と株価の値上がりは約束される。

この点に注目して四季報を読んでいくことが大切である。

情報の価値は、受け手のスキルにより異なる。

どのような感覚や目的で、四季報の情報を見ているのか。ただ、漠然と数値を見るのではなく、今置かれた状況の中で「ドンピシャ」の活動をしているかどうか、社会の変遷の中で「どうなのか」を読んでいくことが大切である。

四季報の情報の賢い見方、使い方を自分のものにすれば、強みが増える。

投資で間違うことが少なくなるはずである。

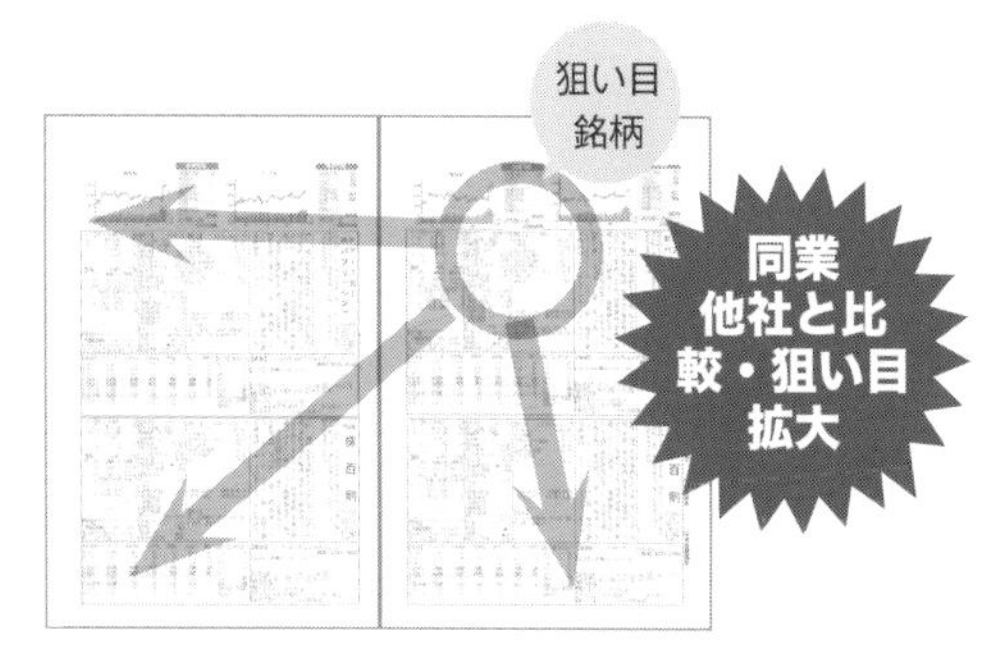

鬼100則 24

個人は新興・小型株に注目してリターンを取る

この本を読む個人投資家の多くは「10倍株」を狙っていることだろう。

株で儲けて「専業になる」「家を買う」等を夢見て、リスクを取る。

小資金を10倍、100倍にする夢を見て立ち向かう。

株式投資はリスクが大きく、損が膨らむ可能性もあるが、上手くすれば、リターンのチャンスが大いにある。「資産を作ること」を強く意識したい。

問題はターゲットである。

東証一部の優良株。例えば、トヨタ、ソニー、オリエンタルランド等は、素晴らしい会社だ。倒産のリスクは少ないので、お金をドブに捨てる可能性は極めて少ない。

しかし、大企業で安定している優良株は、良い会社だが、今「大きく化ける」ことはない。

大きく化けたのは、遠く昔のこと。

あなたが狙うべき「10倍株」はまず、このような優秀な会社ではない。

上場間もなかったり、知名度が低かったりで海のものとも山のものともつかない。

配当はしていない。赤字の場合もある。

しかし、将来の夢に向かって、頑張っている。

事業の内容が将来の日本には絶対に必要で、大企業は安易に手を出せない分、大きな企業との提携も十分に考えられる。

これらが、**マザーズ、ジャスダック等に上場している新興の小型銘柄**の特徴である。

ソニー、トヨタと同じように数年後、数十年後には、巨大な優良株に成長する可能性もある。

不確定だが、確かな裏づけをとり、作戦で挑戦する。

資本金も株数も大企業に比べれば、小さい。浮動株が少ない。

ということで、人気化すれば、たちまちストップ高になる。

こうしたお宝銘柄を独自の視点によって四季報で探したい（直近のＩＰＯは紙の四季報には載っていないが）。

これが株式投資で個人投資家が夢を実現する一歩である。

鬼100則 25

「時のテーマ」に敏感になる

投資のターゲットを見つけたいなら、**四季報をめくることから入ってはいけない。**ネットやニュースからその時々に人気の業界・銘柄に当たりをつけ、四季報で確認するダンドリだと効率が良い。

この本を書いている時点の注目の1つに「ビットコイン」がある。ドルやユーロ、円など世界的に新型コロナ対策で国債が刷りまくられ、通貨への信用低下で動きだしたのが、一定量しか発行されていない暗号資産（仮想通貨）である。

その1つビットコインでは1ビットが5万ドル（約527万円）の大台を突破し、4月には600万円を超え、400万円を切るところまで急落した。急騰急落の妙味だ。

これで連想されるのが、暗号資産、仮想通貨関連株である。

例えば、「暗号資産」の四季報オンライン検索で出て来るアステリア（3853）は、得意のブロックチェーン技術で仮想通貨市場に関与する。ビットコインの急落で連れ下げしたがすぐに反発した。大化けする要素を持っている。もちろん、しないかもしれない。

暗号資産、仮想通貨のくくりで言えば、小型の銘柄にはいろいろある。

ＧＭＯメディア（６１８０）、Ｊトラスト（８５０８）、ルーデンＨＤ（１４００）、フォーサイド（２３３０）、リミックスポイント（３８２５）、ＣＡＩＣＡ（２３１５）等々。


ただ、これはほんの一例である。

環境、半導体、人工知能、５Ｇ……

市場は「新しもの好き」なので、テーマは次から次へと目まぐるしく変わる。

もたもたしていると置いていかれる。

伝えたいのは考え方、目のつけ所である。

その時の流れに乗る銘柄を追跡するのが、中長期でも株で成果を上げる大切な手法だ。

そのために、四季報を見て、事業内容を確かめる。

必要な情報を必要な時に確かめる、読んでおく。

これが賢い四季報の読み方である。

鬼100則 26

「国策の行方」を見逃すな

株価が動く最大の要因は「お金が回る」ことである。

企業活動でお金が回って来る。需要が旺盛になければ、企業活動は活発化しないし、業績も上がらない。

なので、国の予算が重点的に投入される会社に、市場が注目する。

その点から言うならば、これから日本のみならず世界的に予算が使われるのは、「環境関連」である。

電気自動車、脱炭素、再生エネルギー、水素、風力、アンモニア等々に、資金が回る。回るように、政治が動いている。

直接事業に税金が回るだけではなく、「減税」という形で、間接的に恩恵を受ける企業もある。

それが地球温暖化対策である。

この対策に力を入れる企業には税の優遇がある。

だから、仕事が増える。会社が儲かる。株価が上がる。

このような構図である。

これを外して、四季報を見ても何のメリットもない。

環境関連という視点で、小型の銘柄を見れば、次のようなものが出て来る。

ユアテック（１９３４）、東京エネシス（１９４５）、タケエイ（２１５１）、三機工業（１９６１）、第一実業（８０５９）、レノバ（９５１９）等が一例。

あまり馴染みのない銘柄が、今後の地球温暖化を救う。

その視点で、会社の内容を確認するところに四季報の価値がある。

政府が、世界が、推進している政策に関わる企業には「追い風」が吹いている。

アゲインストの銘柄よりは、フォローの銘柄に投資する方が明らかに「ハンデ」をもらっていて有利であることは間違いない。

鬼100則 27

個々の業界の業績トレンドを摑め

四季報を読んで、先んじて投資を行うという点では、プロには勝てない。

そのハンデがあるにもかかわらず、なおかつ、個人投資家が株の世界で勝ち抜くには、四季報の使い方にコツがある。

まず**業種別、横断的に読んでいく**こと。これで業界やテーマごとのトレンドがわかる。

例えば、半導体関連。車載半導体の供給不足のために車や家電が作れないというニュースがここ最近続いている。

この業界は、需給の変動が極めて激しく、不足になった際は、業界は一斉に設備投資等を行い、増産に動きやすい。

せっかくの「半導体不足」「半導体の値上がり」というまたとないチャンスを座して見ることはない。

しかし、ここにはリスクもある。

不足の反動で業界が一斉に設備投資を行った結果もたらされる過剰生産、値崩れである。

半導体に限らず、物というのは、「不足↓過剰↓値崩れ」の繰り返しだ。

それがあるので、たとえ需要が高まっても設備投資に二の足を踏むから増産できず割と頻繁に「不足↓値上がり」が起きる。

この相場の動きの中で、企業がうまく立ち回り、リスクを少なくして収益を継続的に上げていくのは大変難しい。

そのカギは「素早い経営判断」である。

それが業界の中での「勝ち組」「負け組」を作る。

半導体上位７社業績（2021年５月時点最新）

コード	社名	売上高（連結）（百万円）	純利益（百万円）	時価総額（億円）
2760	東京エレクトロン　デバイス	135,394	2,288	621
6758	ソニー	8,259,885	582,191	129,952
6502	東芝	3,389,871	-114,633	20,237
6723	ルネサスエレクトロニクス	715,673	65,216	20,206
6963	ローム	362,885	25,632	10,217
6702	富士通	3,857,797	160,042	34,776
6857	アドバンテスト	275,894	53,532	18,020

「マイナス情報」の先を読め

四季報のデータで、「黒字」「増額」「最高益」とあるのを読んで買いに走るのは、初心者だ。当たり前というべきか、そのような銘柄を買っても大したリターンは得られない。

「苦労している」「赤字だ」「最悪だ」。

実はこういう会社が狙い目だ。

もちろん、「社会悪」「リコール隠し」「検査不正」というのは良くない。

一部の社員の仕業と読むかもしれないが、不正を働くのは、社風がその底辺にあるものだ。

曙ブレーキの検査不正が11万件、トヨタ、日産向け製品で、というニュースが飛び込んで来た。経営再建中の企業だったが、株価的にはマイナスである。

命にかかわり、他人の命も奪う可能性のある不正が、２００１年からの長期に渡っていたというのだから、もう会社の遺伝子がそうさせているとしか言い様がない。

ここで言いたいのは、そのような「マイナス」の銘柄ではない。

執筆時点で言えば、コロナの影響で旅行や航空、飲食等はマイナス情報満載である。ただしこれはある意味で「時限付き」。コロナが収まり、ワクチンが普及し、免疫を持つ人が増えれば、劇的に改善する可能性がある。

例えば、ハナツアージャパン（６５６１）は業績は最悪だが、世界的にワクチンが普及し始めた状況を背景に「コロナ後」を睨んだ投資が始まっている。

日本航空、ＡＮＡ、ＨＩＳ等の上げトレンドもそうである（一本調子にはいかないが）。

四季報でこれらの「苦境」の銘柄を読んでも「投資の芽」はない。

四季報には過去の数字をもとにした常識的な情報は載っているが「その先」を見越した戦略的な考え方や見方はさすがに記載されていない。

当たり前だが、責任があるし、東洋経済新報社の記者に「投資戦略」「強かな先食い」をサジェッションせよと言うのは、「求め過ぎ」というものだ。

要するに、四季報はあくまでも、現状のデータを提供した情報源なのだ。

情報を使いこなす眼が必要となる。

「コメント」は既に織り込み済みと思え

四季報のコメント欄は、実にコンパクトに、余分を削ぎ落とし、的確に書いてある。これは凄い。

しかし、大体は、常識的な現状を伝えているだけだ。「なるほど」とは思うが、それ以上でも以下でもない。

「好調」と書かれていれば、株価は既に織り込んでいるだろうし、「最高益」とあれば、これも織り込んでいる。

株価というのはそういうものである。

では、既に述べたようになぜ、「苦戦」のハナツアージャパン（6561）の株価がじわりじわり上げているのか。

四季報（新春号）を読むと、この銘柄には「苦戦」「継続前提に重要事象」と記されている。「苦戦」はまさに現状の通りで、2020年は大赤字である。

「継続前提に重要事象」というのは、簡単に言えば「危ないかも」という意味である。翌・春号のコメントに書かれた「継続前提に疑義注記」はそれよりもきつい言葉で、「倒産のリスクがある」というような意味。法律で決められているので、書いているというのが、本当のところ。

その行間からは戦略的な「先読み」のリスクオンの行動は判断できない。

しかし、そこを乗り越えれば21年度の赤字は半分ほどに減る予想だ。

株式市場では、ここに目をつけて、買いを入れている。

コロナの収束まで持ちこたえられそうか、韓国系の親会社はどう動きそうか。

そうした深読みをして挑むのが「少数派の妙」であり、チャンスがある。

「人の行く裏に道あり花の山」。

まさにこれで、みんなが「怖い」と思うところに敢えて資金を投じた決断に結果がついて来る。

もちろんこうした株に全財産を投じる馬鹿はいない。いくつもカゴに盛った卵の１つである。

正しくリスクを取るとは、そういうことだ。

鬼100則 30

赤字でもワクワクさせる銘柄を発掘する

「黒字」「大きく儲かっている」という状況は、好ましいことであり、投資家は安心する。

しかし、それと株価が数倍、数十倍になるということは別物である。

「株で財を成したい」「専業になりたい」という願望、個人投資家が好むのは、「夢の銘柄」「希望の銘柄」である。

新興市場に上場して来る銘柄のほとんどは、赤字の会社だ。

今は、立ち上げたばかりで赤字だが、先行き、黒字にして株主に応えたい。

社会に貢献したい。

やがては黒字化し、大きく業績を伸ばして、化けた銘柄になる。

赤字→黒字化。ここに、株価が化ける要素がある。

新規に上場する夢のＩＰＯ銘柄等は、人気化し、出来高が増えると物凄い人気になる。

この「出来高増」「人気化」の時が稼ぎ時である。

新興の銘柄が人気化すると、出来高は半端ではなくなる。

任天堂やファーストリテイリングに次いで多い時もある。

個人投資家好みのＩＰＯ銘柄だが、注目が集まると、大口もチャンスとばかりに参加して来るので、出来高は急増する。

その分、値動きも激しく、上げた中での下げも急である。

ただ、一時的なもので、方向は上。

個人投資家はこのような「何だかわからないが凄いかも」銘柄に魅力を感じ、夢を託していくのだ。


多くの投資家がこぞって集まるところに、チャンスがあり、大きな変動、値上がり、大化けの可能性がある。

「何だかわからないが凄いかも」

これがキーワードになる。

もちろん、売買のタイミングが肝要だ。

そこまでは四季報には書いていない。あなたが探すべきだ。

鬼100則 31

グローバル・ニッチがなぜ、好まれるのか

株式のテーマに関するランキングで、目立ったものに「グローバル・ニッチ」というのがある。

小さくても、世界で活躍する企業、仕事、技術、製品が好まれる時代。

大きくなくても、巨大な産業ではなくても、「必要とされる仕事」は受け入れられる。

そのような風土には小さな企業が活躍する場所があるのだ。

東証一部で大きく上げたレーザーテック（６９２０）等は、半導体の検査装置で世界シェア１００％。半導体の検査装置のスーパーニッチとして成長した良い例である。

経済産業省が設ける「グローバルニッチトップ企業１００選」等の上場企業に注目するのが適当だろう。

２０２０年度「１００選」から一例をあげるとニッポン高度紙工業（３８９１）、第一稀元素化学工業（４０８２）、パウダーテック（５６９５）、ミクロン精密（６１５９）、

昭和真空（６３８４）、興研（７９６３）等々。いずれもその道で強みを持つ「ニッチ企業」である。

マザーズ、ジャスダック等には、まだまだ体力はないが、アイディアや貴重な製品の提供には自信があるという会社はいくらでもあるし、これからも、雲霞（うんか）のごとく出て来る。

いわば、新興市場は「宝の山」。個人投資家は、その宝の山に入って「宝探し」をするわけである。

四季報を駆使して、宝を見つけて、自分のスタイルで「大化け株」を手に入れてほしい。

グローバル・ニッチ。

このキーワードの検索で、チャンスが生まれることを断言したい。

2020年度「グローバルニッチトップ企業100選」

分野	企業名	コード
機械・加工	フコク	5185
	兼房	5984
	オーエスジー	6136
	ソディック	6143
	ＮＩＴＴＯＫ	6145
	日進工具	6157
	ミクロン精密	6159
	ナブテスコ	6268
	レオン自動機	6272
	ユニオンツール	6278
	日精エー・エス・ビー機械	6284
	技研製作所	6289
	小森コーポレーション	6349
	酉島製作所	6363
	大同工業	6373
	日機装	6376
	昭和真空	6384
	ＴＨＫ	6481
	川崎重工業	7012
	太平洋工業	7250
	ジャムコ	7408
素材・化学	旭化成	3407
	ジェイテックコーポレーション	3446
	ニッポン高度紙工業	3891
	第一稀元素化学工業	4082
	旭有機材	4216
	東洋合成工業	4970
	愛知製鋼	5482
	パウダーテック	5695
	大阪チタニウムテクノロジーズ	5726
電気・電子	朝日インテック	7747
	フルヤ金属	7826
	テイカ	4027
	イビデン	4062
	東京応化工業	4186
	古野電気	6814
	横河電機	6841
	エスペック	6859
	オプテックスグループ	6914
	レーザーテック	6920
消費財その他	マニー	7730
	萩原工業	7856
	興研	7963

「倒産リスク」を知れ

四季報で注意すべきは、「倒産リスク」のあるシグナルである。

株式投資で一番怖いのが、投資先の倒産で、株式が「紙クズ」になることだ。

民事再生手続きに入った。

会社更生法を適用した。

その情報が巷に出るや株価は「ストップ安」の連続となり、持ち玉を売るに売れなくなる。

上場廃止直前になるころには、「株価1円、2円」となり、やがては市場から消える。


株式投資で「リスク」というのは、日々の株価の変動もあるが、特定の会社の株を買った以上は「運命共同体」となることだ。

業績が波に乗り、株価が上がれば良いが、社会環境の変化、経営者の不始末、会社のモチベーションの停滞等で業績が悪化し、借金まみれ、ついには銀行等から見放されることがある。

このような「危ない会社」について四季報は「**疑義注記**」という記載で読者に対して警鐘を鳴らしている。

売上高、キャッシュ・フロー等に比べて、いやに借入金が多い。

長期的に事業が停滞している。

それらが主な要因になるが、この記載は「この会社の株はリスクの度合いが高いです」ということなので、用心に越したことはない。

もちろん、上場されているうちは株は売買されている。

会社の経理内容に疑義があっても、たまたまの好材料１つで株価が大きく飛ぶことも結構ある。

それは「仕手筋」の好む内容である。

しかし、「業績が悪い」を通り越して、「危ないかも」という「疑義注記」のサインが点灯していることは、忘れずにチェックしておきたい。

第4章

儲かる銘柄の「業績」はこう読め

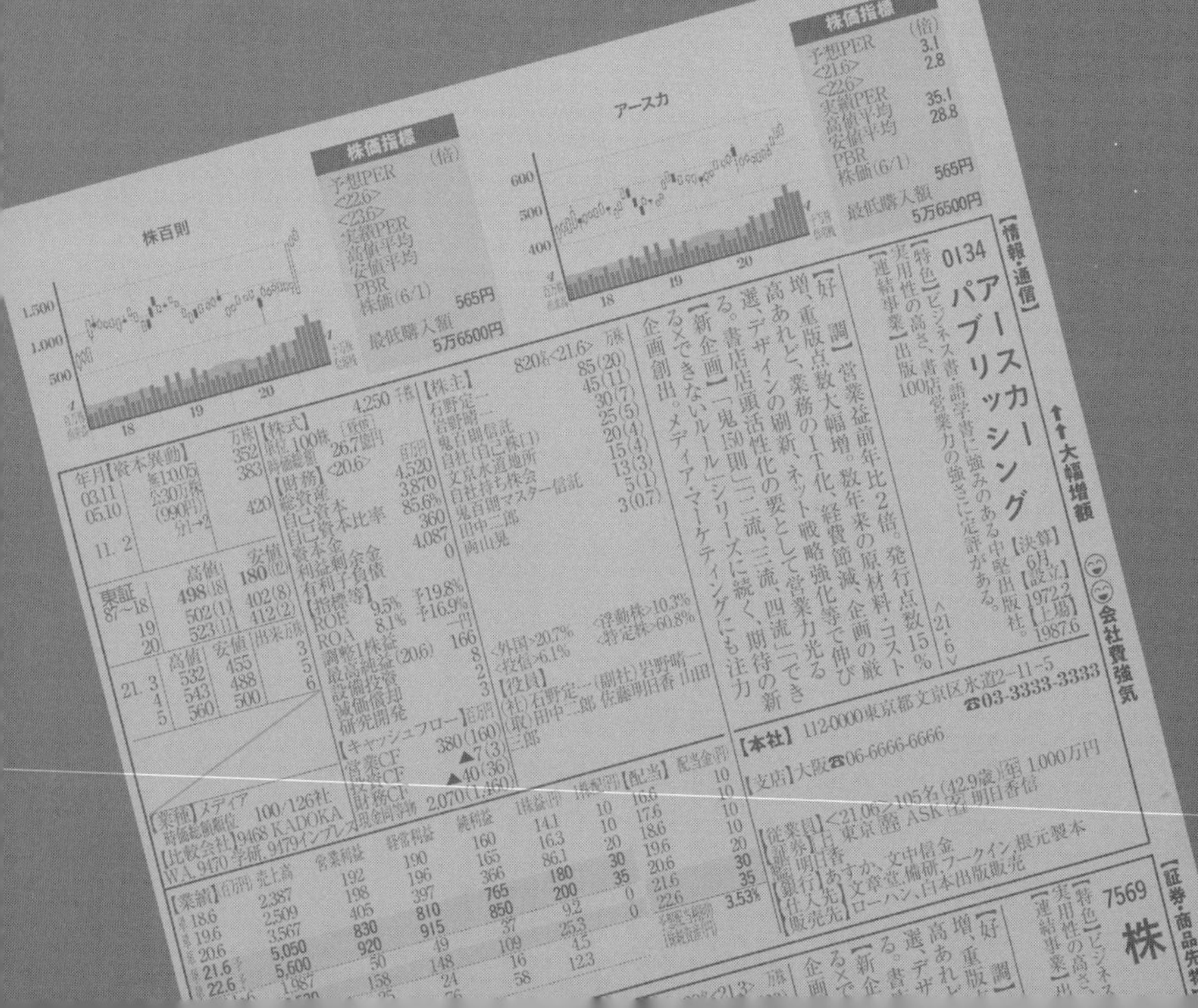
【情報・通信】
0134
アースカー
パブリッシング
【決算】6月 【設立】1972.2 【上場】1987.6
↑↑大幅増額
会社費強気
【特色】ビジネス書、語学書に強みのある中堅出版社。実用性の高さ、書店営業力の強さに定評がある。
【連結事業】出版100
<21.6>
【好 調】営業益前年比2倍。発行点数15%増、重版点数大幅増。数年来の原材料・コスト高あれど、業務のIT化、経費節減、企画の厳選、デザインの刷新、ネット戦略強化等で伸びる。書店店頭活性化の要として営業力光る。
【新企画】「鬼150則」「二流、三流、四流」「できる×できないルール」シリーズに続く、期待の新企画創出。メディア・マーケティングにも注力
【本社】112-0000東京都文京区水道2-11-5 ☎03-3333-3333
【支店】大阪☎06-6666-6666
株価指標
予想PER 3.1 2.8
実績PER 35.1
高値平均 28.8
株価(6/1) 565円
最低購入額 5万6500円

賢明であれ。
創造力を発揮せよ。
だが、何よりも損をするな。

スティーブン・シュワルツマン

人が気付かぬところにいかに目を配り、
人が気付く前にどれだけ早く行動しているか。

是川銀蔵

鬼100則 33

黒字でも株価は上がらないことを知れ

さて四季報の内容を読み込んでいこう。

一番気になるのが、業績動向であろう。

いわゆる「ファンダメンタルズ」というものだ。

投資対象の会社の業績は良いのか、悪いのか。

これが一番気になる。

業績なんかどうでもよいから、「出来高」と「チャート」だ、と言う人もいるだろう。

薄利を重ねたいならばそれも一理あるが、しっかり儲けたいならば無謀である。

株価変動の裏にはやはり、業績の変動があるのだ。

「思いのほか、業績が良かった」

「事前予想に比べて、純利益が2倍も良かった」。

このような情報が流れると、買いが集まり、小型の銘柄ではたちまち、ストップ高になったりする。

それはほかの投資家が、株価変動の要因として、会社への評価の中でも「業績」を極めて大きな要因として見ている証である。

ただ、たとえ四季報に掲載された業績が良くても「事前予想よりは増益幅が少なかった」という書き方をされると投資家の投資意欲を削ぎ、株価にとってマイナスになりかねない。

また、「良い会社だ」「業績が黒字だ」だけでは株価の大きな変動の要因にもならない。

驚くような内容でなければ、「人気投票」の票は集まらないからである。

このことを心得て「業績のデータ」を見よう。

四季報の業績を見て、動く投資家がいる。

コメントを鵜呑みにする初心者が買い集まる。

ならば、あなたはどうするか。

そこまで考慮に入れないと、せっかくの四季報のデータは使い物にならないし、株で稼ぐためのツールにはならない。

鬼100則 34

最も重要なのは変化率である

業績と株価の点で投資の重要なポイントは「変化率」であることを知っておきたい。

「内容は良いが、前期と変わらない」。

これは株価には何の影響もないどころか、逆にマイナスの時もある。

黒字ならば黒字なりに、少なくとも営業利益、経常利益等が「2桁増」くらいの数値があれば、株価が動く。

また、赤字ならば、大きな赤字予想から「少ない赤字」という好転の数値が必要である。

逆に、売りから入る立場であれば、「思いのほか悪かった」というデータがあれば、株価は売られて急落する。

それをチャンスにすることもある。

どちらにしても「買いが集まる」「売りが増える」という売買のきっかけは「変化率」である。

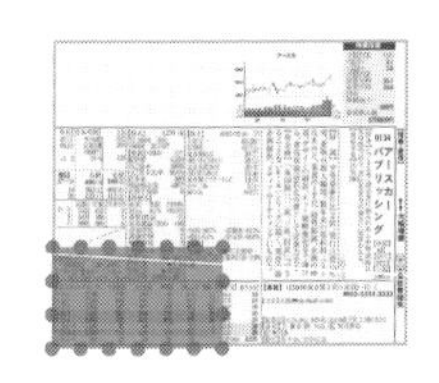

業績と株価の関係であれば、皆が「へー、そうなのか」というようなきっかけがなければ、売買の出来高は増えない。

プラスであれ、マイナスであれ、投資家が関心を抱くには、数値に「変動」がなければならない。

売買出来高が極めて少ない銘柄があるが、それは「不人気」の証である。

さして、注目されない。

面白くもなんともない。

要するに「投資の対象にならない」ということを心得ておきたい。

驚くような増え方、回復の仕方。これこそが株価を動かすデータになる。

大きな赤字
↓
小さな赤字
も効果的

変化率
大

【業績】(百万円)	売上高	営業利益	経常利益	純利益	1株益(円)	1株配(円)
単 18.6	2,387	192	190	160	14.1	10
単 19.6	[illegible]	198	196	165	16.3	10
単 20.6	[illegible]	405	397	366	86.1	20
単 **21.6**	[illegible]	**830**	**810**	**765**	180	30
単 **22.6**予	[illegible]	**920**	**915**	**850**	200	35
単 20.1~6	[illegible]	50	49	37	9.2	0
単 **21.1~6**予	2,530	158	148	109	25.3	0
単 20.3~6	956	25	24	16	4.5	
単 21.3~6	1,350	78	76	58	12.3	

鬼100則 35

「大赤字」から「小赤字」になる時が狙い目

大事なのは「変化率」と述べたが、大赤字の銘柄であっても「赤字が半分になった」というのも、売買のきっかけになることを知っておきたい。

私が、「赤字の銘柄には絶対に投資しない」のかといえば、必ずしもそうではない。

大赤字でも、その大赤字を減らすような重大な材料が出てくれば、「好転」への期待から買いが集まる。

株価が動く、買いが集まる。

そのきっかけは「良い兆し」にある。

絶対的に良い。絶対的に悪い。

この状況では「食指」は動かない。

酷い業績だが、天地がひっくり返るような材料が出て来た。

このニュースで買いが集まる。

それは、業績の変化↓好材料と見なされて、人気が集まるのである。

特に、バイオ関連では、「夢の治療薬を開発（か）」というようなニュースで、ストップ高が何回も続くことがある。

なぜならば、業績に対するインパクトが半端でないからだ。

そのかわり、それが「眉唾らしい」となると、ストップ安が続いて、売るに売れないことも、まある。

材料１つに夢を見る投資はリスクも大きい。投資家は驚くような「凄さ」を求めて動くが、そこにはチャンスとリスクがともに潜んでいるのである。

4582　シンバイオ製薬

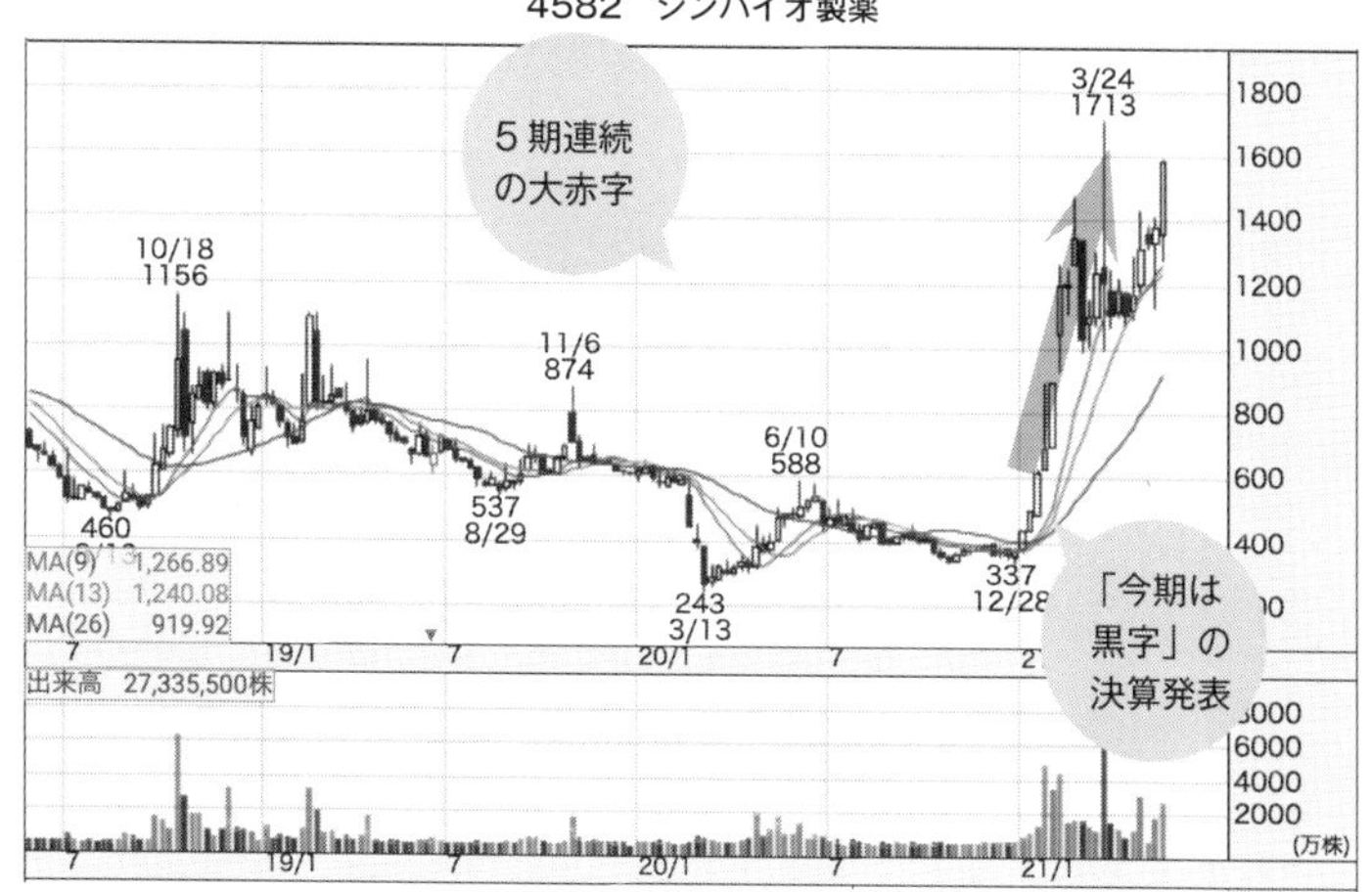

鬼100則 36

テンバガーの要素は「驚異の業績拡大」

株価が10倍になる。

株式投資をやる人ならば、誰もがその夢を持つだろう。

というよりも、「10倍株に遭遇したい」と、大金を投じている人が多い。

結果として、失敗して、元金をなくす例も少なくはないが。

そのような危険をなくすために、投資する銘柄の1年後、2年後の経営状態を、会社の経営方針や実績等をもとにしっかりと類推できる目を持つことだ。

長いスパンで言うならば、成長企業の多くが10倍株を達成している。決して、珍しいことではないのだ。

問題は期間である。1か月や2か月では難しいが、1年というスパンで言うならば、10倍になる銘柄は結構ある。

どのようなタイミングで化けるのか。

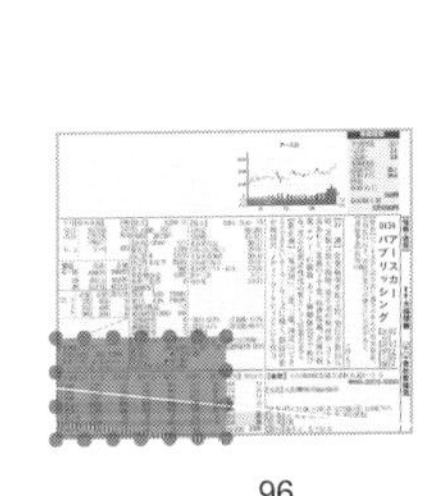

「赤字企業から黒字企業」になったタイミングである。

赤字の時は上げても２～３倍だが、黒字になるタイミングでは、その銘柄の業績は営業利益、経常利益等が２倍、３倍となるので、理論値の上でも、株価が２倍、３倍となり、ついには10倍になる。

決して珍しくはないことは、多くの新興市場の銘柄が業績好転、黒字になる時点での株価の変動を見ていただきたい。

10倍株は「ここだけの話」ではないのである。

当たり前に、業績の好転、急変と比例して達成している。

例えば、AI inside（４４８８）は、２０１９年12月上場だが、19年は赤字、20年は黒字転換し、株価は１万１８００円から９万６０００円に化けた。業績の変化に買いが集まったわけである（その後、半年でこの銘柄は下げてしまったが）。

これは「夢」でもなんでもなく、「現実」である。

ぜひ、そのような銘柄を四季報で早めに察知して、仕込んでもらいたい。

鬼100則 37

まずは、売上が大切

企業業績が良くなる一番の前提は、会社の売上が伸びることである。
売上がぐんぐん増えていく。
事業が支持されて、ニーズが高まり、商品やサービスが面白いように売れる。
これは決して稀でも何でもない。
お店に行列ができる。駐車場が満車である。
ネットで話題になり、バカ売れしている。
生産が追いつかないらしい。
街を歩いていている間に2人も持っているのを見かけた。
そうした動きはニュースになるし、社会現象にもなる。
売上は目立つ。
その目立った事象をいち早く察知して、その会社の株を買う＝株主になる。

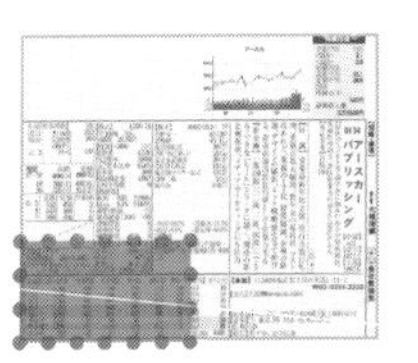

それが10倍株への道筋である。

別に、何でもかんでも手を出さなくてもいい。

自分が興味を持つ分野で、１つだけその「予兆」「現象」を掴めば良いだけである。

四季報の【業績】欄では一番左の「売上高」の項にあたる（金融業には、この欄はない。ＩＦＲＳ形式の卸売業では「営業収益」になる）。

前年に比べて倍増している、１桁増えている、といった数字に現れるだろう。

予兆を掴んだら、四季報の数字で確認する。まだ反映されていない場合は監視リストに入れる。

街を歩く時もセンサーの感度をマックスにしよう。

肌感覚から
売上拡大の
予兆を掴めると
さらに良い

【業績】(百万円)	売上高	営業利益	経常利益	純利益	1株益(円)	1株配(円)
単18.6	2,387	192	190	160	14.1	10
単19.6	2,509	198	[illegible]	165	16.3	10
単20.6	3,567	[illegible]	[illegible]	366	86.1	20
単**21.6**予	**5,050**	[illegible]	[illegible]	[illegible]	180	30
単**22.6**予	**5,600**	[illegible]	[illegible]	850	200	35
単20.1~6	1,987	50	[illegible]	37	9.2	0
単**21.1~6**予	**2,530**	158	148	109	25.3	0
単20.3~6	956	25	24	16	4.5	
単21.3~6	1.350	78	76	58	12.3	

前年比
大幅増

鬼100則 38

本業でしっかり儲けているかを見る「営業利益」

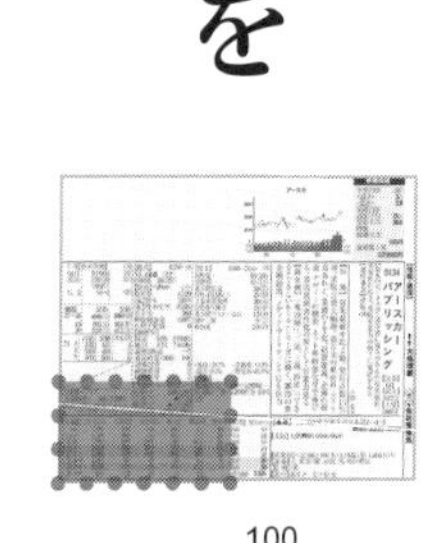

売上が増えることが株価が上がる条件と言ったが、それが全てではない。

せっかく売り上げても、余分な経費や固定費が大き過ぎれば、儲けが少なくなる。

実業の世界では売上が多いことよりも**「儲け＝利益が多い」ビジネスのほうが評価される。**

株の世界でも同じだ。

利益の中で最もシンプルなのが**「営業利益」**。

本業の売上高から売上にかかった費用等を差し引いたもので、四季報では「売上高」の右側に掲載されている。

この数値が良いと、会社が本当に儲かっていることであり、その銘柄に人気が高まる要素となる。

いかに売上が伸びても、人件費がかさんだり、広告費を野放図に使い過ぎて、会社の活動が効率的でなければ、利益は残らないし、現金も残らない。

ここで、本業というのは、ゲームの会社ならばゲームのダウンロード数×値段、自動車販売業ならば販売台数×代金というように、その会社の本来の事業で得た売上のことである。

ただ、最近は多角経営の会社が増えている。「○○で有名」だけれど、本業はどのような事業なのか。その事業がはやっているのか。

その一端が、四季報でも見ることができる。社名等のすぐ横にある【特色】欄で注目すべき事業が、【連結事業】の欄で、部門別の売上構成がわかる。

よく吟味して調べることが大切である。

0134
アースカー
パブリッシング
【決算】6月
【設立】1972.2
【上場】1987.6

【特色】ビジネス書・語学書に強みのある中堅出版社。実用性の高さ、書店営業力の強さに定評がある。
【連結事業】出版100

営業利益＝
売上高
㊀売上原価
㊀人件費、広告費、光熱費、家賃

【業績】(百万円)	売上高	営業利益
単 18.6	2,387	192
単 19.6	2,509	198
単 20.6	3,567	405
単 **21.6**予	**5,050**	**830**
単 **22.6**予	**5,600**	**920**
単 20.1~6	1,987	50
単 **21.1~6**予	**2,530**	158
単 20.3~6	956	25
単 21.3~6	1,350	78

本業と事業構成を「特色」欄で合わせて確認

鬼100則 39

「経常利益」の変化に注目

会社が儲かっていて、投資運用もできて経営の舵取りがうまくできているのかを判断するには、「経常利益」に注目する（ＩＦＲＳ方式では「税前利益」の表記）ことだ。

経常利益は企業が事業全体から経常的に得た利益のことである。

具体的には、本業が食品販売の場合、その売上で得られた利益に本業以外の家賃収入等を加えたもの。

さらに、投資をしていて、そこから得られる利益も経常利益に含まれる。

先に言ったように会社は利益を得る機会を増やすために、本業以外にもあらゆる方法で、収益の道を探す傾向にある。

例えばソフトバンクは「情報通信」業が本業で、携帯事業等のほかに大きいのがファンド事業だ。10兆円規模のファンドを運用して多くのベンチャー企業に直接投資し、ほかにも上場株への投資等で稼いでいる。（もはやソフトバンクにとってはファンド事業も「本業」なのでややこしいが）通常これらの配当や投資等で得た損益は、「営業外利益」として計上される。

そのほか、使っていない社屋の一部を貸し出すことで家賃収入を得たりする場合も、この利益となる。

ただ、この本で追っている新興の銘柄は、ほかに投資するほどの余裕はなく、本業に集中して、圧倒的な利益を上げているのが特徴である。営業利益と経常利益は、さほど変わらないだろう。

逆に、営業利益と経常利益に大きく差がある企業は何から利益を得ているのか、チェックが必要だ。

何で「圧倒的か」を知ることが大切だ。

【業績】(百万円)	売上高	営業利益	経常利益
単 18.6	2,387	192	190
単 19.6	2,509	198	196
単 20.6	3,567	405	397
単 **21.6** 予	5,050	**830**	**810**
単 **22.6** 予	5,600	**920**	**915**
単 20.1~6	1,987	50	49
単 **21.1~6** 予	2,530	158	148
単 20.3~6	956	25	24
単 21.3~6	1,350	78	76

営業利益と経常利益の差が大きければ確認を

考えられる要因
・投資による配当
・遊休資産の貸し出し
・海外との取引の為替差損

鬼100則 40

真水の儲け「純利益」は配当と一緒に見る

純利益は会社が本当に手にできる現金等の利益のことである。

この数字が大きくなると、いわゆる「ＰＥＲ」（１８０ページ参照）の数値を押し下げるので、株価が割安となり、株価上昇の大きな要素となる。

堅苦しく言うと、純利益は経常利益に本業以外の臨時的、あるいは例外的な「特別利益」や「特別損失」を差し引き、さらに、法人税や住民税等を差し引いた残りの利益を指す。

さらに言うならば、企業が得た収入から全ての費用を差し引いた純粋の利益、お金のことである。

この純利益を企業は何に使うのか。

使い道の最大のものは、配当である。株主に対して「配当」の形で報いる。

無配の会社は、純利益がないか赤字なので、配当ができないということ。

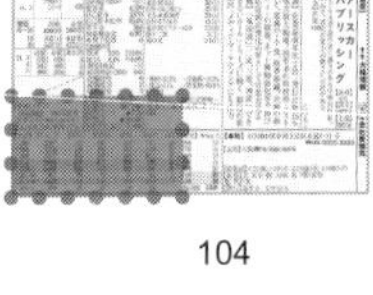

ただ、利益があっても、継続的に利益が入るか定かではない時は、「内部留保」に回して、経営の安定性を確保し、配当を見送る。

新興市場の銘柄には無配の会社が多い。これは配当を出せないわけではないが、それよりは、利益を次なる事業資金や設備投資に回して、業績を上げて、株価の値上がりで投資家に報いようとする傾向が強いためである。

投資家も配当をもらうよりは株価が上がる方がうれしいという考えが多いので、会社側も配当に慎重な会社が多い。

ただ、10倍株に成長するには、配当を出すことがキーポイントになるといえる。

配当を毎年出す努力をする姿勢が大事。
ただし、1 円や 5 円の配当は「形式的に無配を避けただけ」なので、あまり意味はない

【業績】(百万円)	売上高	営業利益	経常利益	純利益	1株益(円)	1株配(円)
単 18.6	2,387	192	190	160	14.1	10
単 19.6	2,509	198	196	165	16.3	10
単 20.6	3,567	405	397	366	86.1	20
単 **21.6** 予	**5,050**	**830**	**810**	**765**	**180**	**30**
単 **22.6** 予	**5,600**	**920**	**915**	**850**	**200**	**35**
単 20.1~6	1,987	50	49	37	9.2	0
単 **21.1~6** 予	**2,530**	158	148	109	25.3	0
単 20.3~6	956	25	24	16	4.5	
単 21.3~6	1,350	78	76	58	12.3	

【配当】	配当金(円)
16.6	10
17.6	10
18.6	10
19.6	10
20.6	20
21.6	**30**
22.6	**35**
予想配当利回り	**3.53%**
1株純資産(円)	

第5章

株主の構成から会社の安定性、やる気、信用を判断する

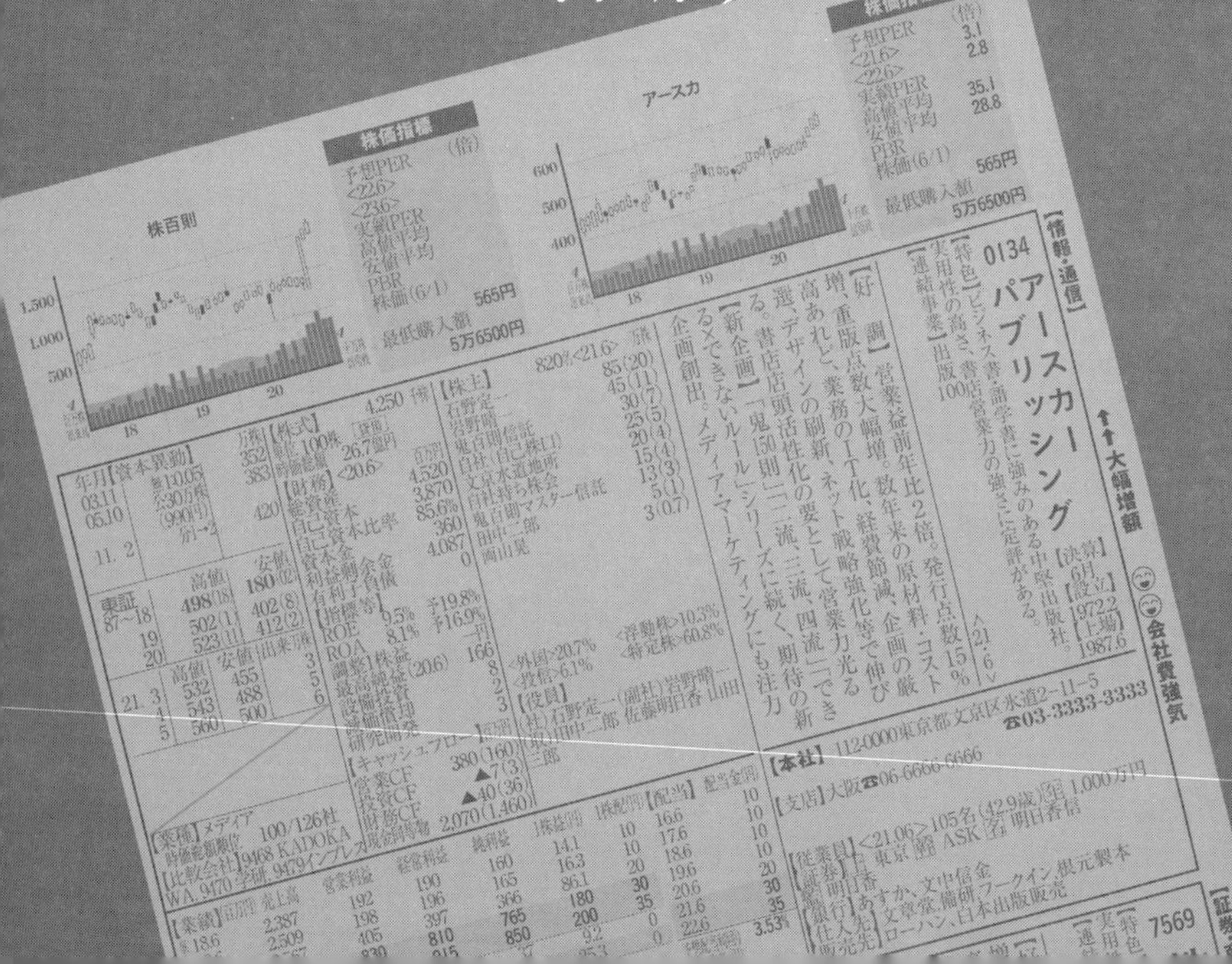
【情報・通信】

0134 アースカ パブリッシング

【特色】ビジネス書・語学書に強みのある中堅出版社。実用性の高さ、書店営業力の強さに定評がある。

【連結事業】出版100

【決算】6月 【設立】1972.2 【上場】1987.6

【好 調】営業益前年比2倍。発行点数15%増、重版点数大幅増。数年来の原材料・コスト高あれど、業務のIT化、経費節減、企画の厳選、デザインの刷新、ネット戦略強化等で伸びる。書店店頭活性化の要として営業力光る。

【新企画】「鬼150則」「二流、三流、四流」「できる×できないルール」シリーズに続く、期待の新企画創出。メディア・マーケティングにも注力。

【本社】112-0000東京都文京区水道2-11-5 ☎03-3333-3333

株価指標

予想PER 3.1 / 2.8

実績PER 35.1

高値平均 28.8

株価(6/1) 565円

最低購入額 5万6500円

大きく儲ける秘訣は、並外れて優秀な企業を選んで株を買い、その企業が成長し内容が充実していく間は、何年間でもずっと持ち続けられることだ。

フィリップ・フィッシャー

私は企業にとって後発参入というものはないと思います。後発でも構わず入っておけば、10年もしたら後発だなんて誰も思いません。

出井伸之

鬼100則 41

オーナー社長の持ち分に注意だ

テンバガー候補の条件に、**社長の株式の持ち分が大きい**ということがある。

「オーナー社長かどうか」ということである。

四季報の【株主】の欄を見れば、社長の持ち株の比率がわかる。

筆頭株主ならば、文字通りの「オーナー社長」。社長の名前が見当たらなければ、「雇われ社長」である。

なぜオーナー社長がポイントかといえば、**意思決定の速さ**、**創業社長の意欲**の問題だ。

新興市場銘柄の大株主はほとんどが、オーナー社長だ。

新しく会社を立ち上げ、ようやく上場にこぎつけて、我々の前にその姿を現す。

気になる銘柄があれば、社長の顔が自社サイトに出ているので、ぜひとも見てほしい。

・社長はどんな人か

・何を考えているのか

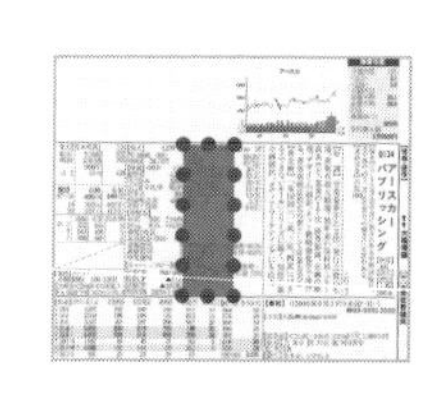

・ポリシーは何か
・経歴は
・特性は

このようなことは、少なくとも知っておきたい。

オーナー社長とサラリーマン社長では機動性、モチベーションが違う。決めつけることはできないが、会社の勢いが違うことは間違いない。

ソフトバンクがその典型と言える。

孫正義氏は日本のＩＴを担って来た人。ＩＴ業界をリードし、世界的に活躍し、ソフトバンクグループの株価を最安値６３６円から最高値19万８０００円へと実に３１１倍にも高めた。

社長の個性、ポリシー、能力は株価にダイレクトに反映する。

新興のＢＡＳＥ（４４７７）の社長は株主1位。メルカリ（４３８５）も同様だ。注目される新興企業のトップは大体がオーナー社長。

その社長の個性ややる気が会社の動向、株価にも反映して来るはずである。

家族が株主なら、内紛に注意

社長が大株主の時は、社長のリーダーシップに注目すべきだが、社長のほかに、その妻、親族等が株主の上位に顔を出している場合はどうだろうか。

「親族で固めている」という言い方もできるが、会社が家族で占められ、経営方針も家族優先というような可能性もある。

家族はまとまっていれば良いが、時には、割れることもある。喧嘩も起きかねない。

余計な心配かもしれないが、広く資本金を投資家から集めている限り、経営は透明性を求められる。

上場企業であるにもかかわらず、時々、内輪もめのニュースが出ることがあるが、考え違いも甚だしいと言える。

家族内の内輪の事情で経営の方針や判断が大きく左右されるようでは問題もある。

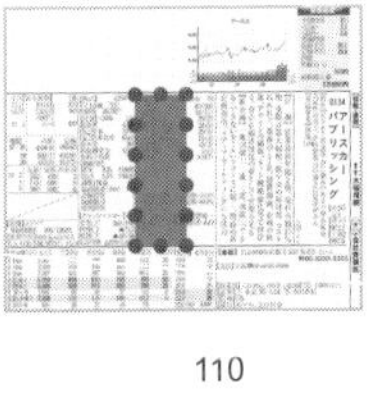

内輪なので、お互いにマイナスの行動はとりにくいとは思うが。

公に上場している会社であるのに、実は家族の中で経営の方針が決められるのも複雑ではある。

できれば、株主構成に「内輪」が出過ぎている銘柄は避けて通りたい。

またヘルスケアのメドレー（４４８０）の株主の2位には、不倫問題で2人社長の立場を辞任した前社長の豊田氏（現取締役）の名前が残っているが、これもニュースで株価に大きく影響した。

用心に越したことはない。

所詮は人間の経営。特に、新興市場の経営は「人の影響」が大きく出るので、気をつけたいところである。

株主は親族で固めていないか

創業社長が筆頭株主である小型株は魅力。

同族で独占するよりも、役員が持ち透明性があると良い。


上位の株主に、問題のある人物はいないか、要確認。

【株主】　820名<21.6>　万株

石野定一	85(20)
岩野晴一	45(11)
鬼百則信託	30(7)
自社(自己株口)	25(5)
文京水道地所	20(4)
自社持ち株会	15(4)
鬼百則マスター信託	13(3)
田中二郎	5(1)
両山晃	3(0.7)

<外国>20.7%　<浮動株>10.3%
<投信>6.1%　<特定株>60.8%
【役員】

(社)石野定一(副社)岩野晴一(取)田中二郎 佐藤明日香 山田三郎

鬼100則 43

人気企業の大株主が会社の時は

「マクアケ」（4479）と言えば、クラウドファンディングで有名な異色の新興企業だが、意外や意外。

社長の持ち株はわずかに2・5％である。持ち株は全体の5位の小株主。大株主がサイバーエージェント（保有株55・5％）であることを見ると、明らかにワンマン社長ではなく、親会社があり、その会社の方針の下で経営が行われていることがわかる。

社長のプロフィール等を見ると、創業者ではあるが、あくまでサイバーエージェントの社内ベンチャーからのスピンアウトだから優秀な雇われ社長の気質に近いことがわかる。

こうなると、マクアケの会社の状況は、サイバーエージェントを調べないといけなくなる。少なくとも、その作業は必要である。

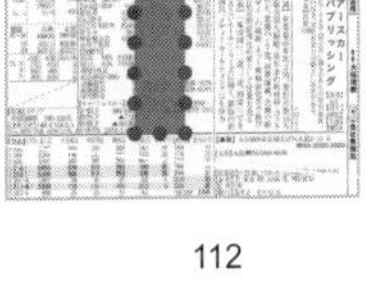

ほかに企業向けコミュニケーションツールのＡＩ　ＣＲＯＳＳ（４４７６）は社長が三番手だが、筆頭株主は社長と同じ名前の人物が代表取締役の持ち株会社なので、実質、社長が筆頭株主と言える。

そのように、株主構成、社長の株の持ち分はしっかりと見ておきたい。

日本電産でも明らかなように、社長の個性、能力、人脈等はその会社の成長、将来性に大きくかかわる。

会社という法人ではあるが、それを動かしているのは人間。特に、トップである社長にかかわることの影響が極めて大きいのである。

【株主】	2,530名<21.3> 万株
ゾブドハング	128(30)
石井勝利	40(9)
百則カストディ信託	30(7)
百一証券	25(6)
足利生命保険	20(5)
石井事務所	15(4)
sis	8(2)
<外国>20.7%　<浮動株>10.3%	
<投信>6.1%　<特定株>63.8%	
【役員】	
(社)石井勝利(専)大山登(取)小山哲　東田一	

筆頭株主が会社の場合どんな関係で業績はどうか確認を

新興企業では社長が株主上位に来る場合が多いが、個人名と別で会社名で株主に名を連ねていることもある。
気になるときは、社名検索してどんな会社か確認してみよう

鬼100則 44

投資信託上位には用心だ

株主には、創業者ではなく、役員でも創業家でもなく、投資信託等「資産運用目的」のお金が筆頭か、上位に入っている場合がある。

これは明らかに投資目的であり、安定的な配当を出しているところが多い。

新興の銘柄、赤字の銘柄、無配の銘柄にはあまり、顔を出すことはない。

塩野義製薬、ソニー、トヨタ等の株主欄を見ると、明らかに投資信託や銀行、海外のファンドの顔ぶれが見える。

その意味では、「国際優良株」の証でもある。

ただ、ＩＰＯ銘柄となると、２０１９年以降上場のものでは、無配でも投資信託や外資系の証券会社の名前が株主欄に並んでいることがある。

上場前からの資金調達先が引き続き保有しているか、もしくは純投資、しかも、将来の成長、配当、値上がり狙いである。

その意味では、好み次第で投資信託が顔を出している銘柄も狙い目だろう。

これらの機関投資家が株式を大量に保有していると、経営者もいい加減な会社経営ができないプレッシャーがあるので、ある意味よいことではある。

大口の投資信託、外資系のお金が入っていれば「物言う株主」ともなるので、いい加減な経営はできないはずである。

ただ、純投資なので大きな値上がりの時には売り圧迫になることも心得ておきたい。

【株主】　3,370名<21.3>　万株

ABCインベストメント	382(15)
アスカ・マスター信託口	206(8)
アスカ・カストディ信託口	199(8)
シルバーマン・サックス	155(6)
アスカ・トラスティ信託口	129(5)
TPモルガン	18(5)
ASKファンド	10(4)

<外国>40.7%　<浮動株>20.3%
<投信>21.8%　<特定株>51.5%

【役員】
(会)時吉秀弥(社)米山明日香
(取)安達洋　末吉喜美

外資系の投資銀行は特に値上がり時に利益確定の売りを出すことで、株価がそれ以上伸びない状況を引き起こすことがあるので要注意

大口の投資信託や証券会社の資金が入っているのは成長見込み大

浮動株は変化率の源

株価変動の要因として、資本金、時価総額、それに浮動株がある。

浮動株とは、決まった大株主の手になく、市場に出回っている株だと思えばいい。

もともと資本金や時価総額が少なければ、市場に出ている株式の数は自ずと限られるので、少しの売買でも大きく値を動かすことがある。

さらに、これまでに比べて、倍々の出来高があると、その動きは目立ちやすい。

加えて、資本金が大きくても**浮動株が資本金に対して2～3%**であれば、これまた、株価の変動が激しくなる傾向がある。

小型の銘柄は、基本的に資本金、時価総額、浮動株、全てが少ないので、株価変動が激しい。

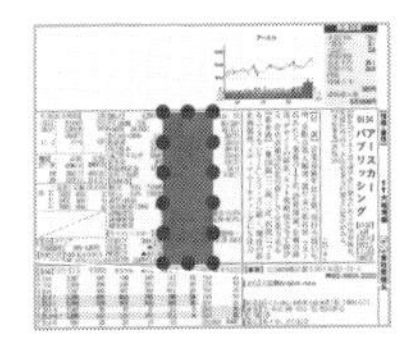

ＩＰＯ銘柄で値動きが良いのは、浮動株が10％以下のものが多い。

変動が激しいのは値動きが良い面とリスクが大きい面の両方があるので、注意して取り組みたい。

売買に参加する時は、【株主】の欄の一番下に＜浮動株＞のデータが掲載されているので、市場に流通している株数がどのくらいなのかをチェックしておこう。

なお売買されている板の動きもしっかり読めると、鬼に金棒だ。

１００株単位が多いのか、それとも、１００株に紛れて、３０００株というような比較的大きな注文が入るのか。

「歩み値」を見れば、それはわかる。

歩み値

時刻	歩み値	約出来
10：12	610	200
10：12	610	100
10：12	615	5100
10：11	615	100
10：11	615	100
10：11	615	400
10：11	615	100
10：11	615	100
10：11	615	100
10：11	615	100
10：10	615	100
10：10	615	100
10：10	620	3500
10：10	620	700

板

---	成行	---
売	気配値	買
10,300	OVER	
200	630	
800	625	
600	620	
400	615	
500	610	
	605	800
	600	1,200
	595	5,000
	590	1,300
	585	900
	UNDER	70,500

浮動株が少ないほうが値動きが良い。
また板の「UNDER」が厚いと株価が上がりやすいが、その中でも3000株のようなまとまった買いは機関投資家のものの可能性が高く、急上昇の要因となる

【株主】　820名<21.6>万株

石野定一	85(20)
岩野晴一	45(11)
鬼百則信託	30(7)
自社(自己株口)	25(5)
文京水道地所	20(4)
自社持ち株会	15(4)
鬼百則マスター信託	13(3)
田中二郎	5(1)
両山晃	3(0.7)

<外国>20.7%　<浮動株>10.3%
<投信>6.1%　<特定株>60.8%
【役員】
(社)石野定一(副社)岩野晴一(取)田中二郎 佐藤明日香 山田三郎

鬼100則 46

「外国」の割合が高いとダウ平均に振り回される

東京株式市場の売買のシェアは、現物で60％、先物で70％も外資系の売買が占めている。東京に市場はあるが、実際の株の売買は世界中からの注文で成り立っているということだ。

言ってみれば、ほぼ全ての銘柄に外国人の買いが入っている。時価総額最小の太洋物産でも9・6％が外国人の保有である。四季報では＜外国＞という記載で、割合が見られる。

ソニーは57％が外国、医療の日本光電は42％、信越化学が40％、日産は62％、スズキは34％というように保有割合が多い。

海外での活動が多く、海外に工場が多ければ、それだけ外国人には身近に感じることが多いわけで、投資の機会も増える。

ただし、海外に進出していても業績がイマイチの銘柄にはさすがに海外の投資家も保有割合を下げて来る。

「国際優良株」というくくりで言えば、業績の好不調がそのまま、外国の株式保有の割合として反映される可能性が高いのだ。

「外国」の保有割合が多いということは人気や信用を表してはいるが、そうした銘柄はアメリカのダウ平均株価等の変動に影響されやすいことを心得ておきたい。

「外国」の割合が多い国際優良銘柄はアメリカの市場に上場し売買されている「ＡＤＲ」銘柄にも採用されていることが多いが、その値動き等も参考にしておくと良いであろう（ただ残念なことに、ＡＤＲ銘柄に小型株は少ない）。

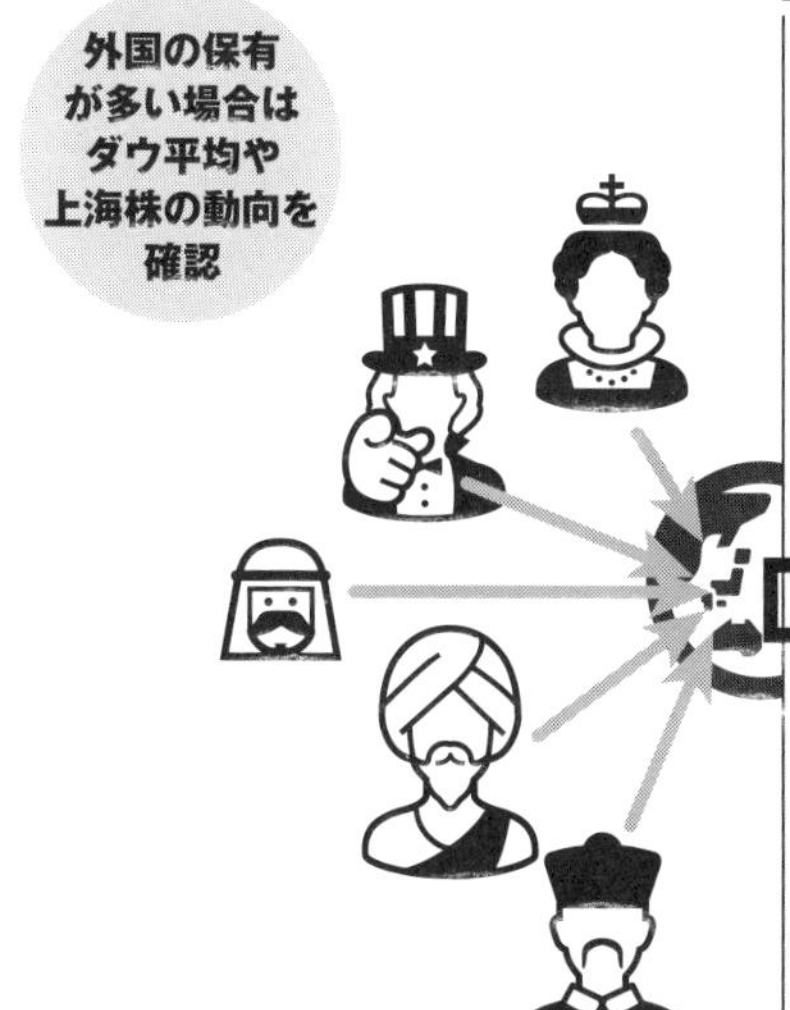

外国の保有
が多い場合は
ダウ平均や
上海株の動向を
確認

【株主】　3,370名<21.3>　万株

ABCインベストメント	382(15)
アスカ・マスター信託口	206(8)
アスカ・カストディ信託口	199(8)
シルバーマン・サックス	155(6)
アスカ・トラスティ信託口	129(5)
TPモルガン	18(5)
ASKファンド	10(4)

<外国>40.7%　<浮動株>20.3%
<投信>21.8%　<特定株>51.5%

【役員】
(会)時吉秀弥(社)米山明日香
(取)安達洋　末吉喜美

「持ち株会」が多いのは社員を大切にする証

株主の欄によっては「持ち株会」という名称の株主が目立つことがある。

エバラ食品、大森屋、サトウ食品、篠崎屋というような古くからある食品株には「持ち株会」の保有数が比較的上位に顔を出している。

もちろん、業種に関係なく「持ち株会」の名称は多くの企業に見られる。

これは何を示しているだろうか。

少なくとも「うちの会社の株を持ちましょう」と社員に言えるのは、「**株を持っておけば価値が上がりますよ。配当が出ますよ**」というようなメリットを自信を持って言える会社だろう。

そして実際に結構な株数を持ち株会が持っているならば、**まだその社員たちは自社に希望を持っている**ことになる。

その意味では「信用できる」要素になる。

「持ち株会」の保有は短期ではなく、長期が普通なので、業績が好ましくないとか、赤字になるような銘柄にはあまり見られない。

いわゆる**安定株に多く**見られるので、株主の構成でこのような見方もしておくことは賢明と言える。

目先で大きなキャピタルゲインが得られるかどうかは別にして、社員に株を持たせる会社が、紙クズにするようなことはないと考えるのが真っ当である。

その意味で「持ち株会」の保有割合が多い会社の株を持つのは中長期的に好ましいと考える。

持ち株会の持ち分が多いのは
会社と社員が
うまくいっている証
会社の経営も
安定

株主の入れ替えに気づけ

四季報を継続的に読むメリットの1つが「株主の入れ替え」に気づけることである。

その企業に投資するかどうかは、メリットの有無で決まる。

目立ったファンドが新しく【株主】欄に顔を出してきたり、特定の個人の名前が新たに出て来るようであれば、会社の資本関係の中で何らかの出入りがあったと見るのが普通である。

これは特定の銘柄の株主欄を克明にリサーチすることで、まるで、推理小説のように読み解けるメリットがある。

同族の株主でも、入れ替えは結構ある。

その入れ替えの動きの中で、社内の力関係の変化や内部紛争等を見ることができる。

ポーラ・オルビスホールディングス（４９２７）は、かつて、現社長と創業家の間で株式の分配を巡り、法廷闘争が行われた。

現社長は四季報によれば22％の株式を保有しているが、この裏にある創業家にかかわる複雑な話が週刊誌で報じられた。

株式の譲渡で1株1円での約束があったとかないとか……。ことは藪の中である。

しかし、相続の中で、不自然な動きがあるのは、争いの元になる。株価は最高値の5000円台から大きく落ちている。

このように、表向きは大きな化粧品会社でも内情はドロドロなことがある。

このような内幕があると、長期のチャートで明らかだが、株価が高値を追うことはない。

市場に公開され、多くの投資家が絡む会社が、株式の保有を巡り内紛を起こしているようでは好ましくないわけである。

【株主】	820名<20.6> 万株
山田太郎	85(20)
田中二郎	45(11)
佐藤三郎	30(7)
鈴木四郎	25(5)
高橋五郎	20(4)
伊藤六郎	15(4)

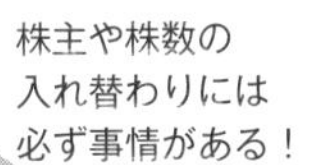

株主や株数の
入れ替わりには
必ず事情がある！

前号と
見比べると
変化が

【株主】	820名<21.6> 万株
高橋五郎	85(20)
田中二郎	45(11)
佐藤三郎	30(7)
鈴木四郎	25(5)
山田太郎	20(4)
伊藤六郎	15(4)

四季報

第6章

財務状況を見逃すな

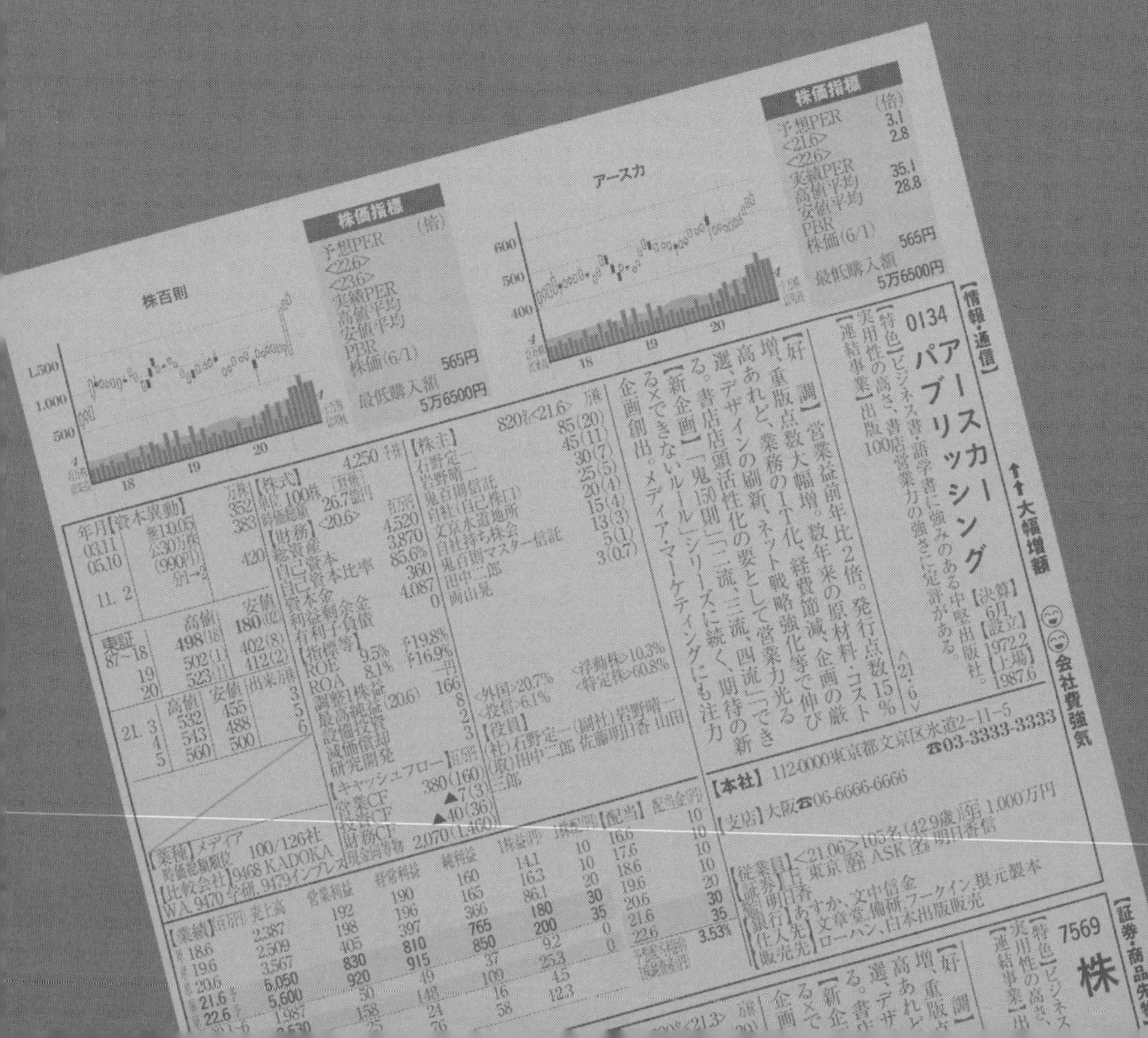

【情報・通信】

0134 アースカ パブリッシング

↑↑大幅増額

会社費強気

【特色】ビジネス書・語学書に強みのある中堅出版社。実用性の高さ、書店営業力の強さに定評がある。

【連結事業】出版100

【決算】6月 【設立】1972.2 【上場】1987.6

【好　調】営業益前年比2倍。発行点数15%増、重版点数大幅増。数年来の原材料・コスト高あれど、業務のIT化、経費節減、企画の厳選、デザインの刷新、ネット戦略強化等で伸びる。書店店頭活性化の要として営業力光る。

【新企画】「鬼150則」「二流、三流、四流」「できるヤできないルール」シリーズに続く、期待の新企画創出。メディア・マーケティングにも注力

【本社】112-0000東京都文京区水道2-11-5 ☎03-3333-3333

【支店】大阪☎06-6666-6666

いい商売、悪い商売があるのではなく、それを成功に
導けるかどうかが重要。

稲盛和夫

無駄なお金は一円たりとも使ってはいけない。
生きたお金なら惜しみなく使いなさい。

安藤百福

鬼100則 49

時価総額で判断する

さて、この章は【株式】【財務】【キャッシュフロー】の欄を俯瞰する。

この項目は、数字の羅列に見えて取っつきにくく感じる投資家が多いと聞いている。

なるべく難しい説明は避けて、あなたの知りたいポイントに直球で答えたいと思う。

さて、**時価総額**。企業価値を一言で表す数字だろう。

発行株式数も株価も大きければ、時価総額は巨大化する。

しかし個人投資家が夢見る「テンバガー」（10倍株）の過去の時価総額を見ると、**7割は50億円以下**というデータがある。

テンバガーという言葉は、もともと、米ウォール街に発する。夢の成長株である。

10倍なんて「運が良ければ」と思うだろうが、実はそうではない。

２００８年のリーマンショックの後、つい最近までの10年スパンで言えば、実に８４０

銘柄にも上る。

しかも、時価総額50億円だとか１００億円でなくても、１０００億円から10倍になった銘柄もあるのだ。

つまり、10倍株は意外と簡単に出会うということ。

問題は、10倍になる前に売ってしまう「愚」を犯しているだけなのだ。待ち切れず、少しの押しで逃げるからだが。

その１０００億円以上から10倍になった銘柄は、ソニー、キーエンス、ソフトバンク、日本電産、東京エレクトロン等々の優良株。みな、テンバガーを成し遂げている。

しかし、これからと言うならば、**小型株のほうが達成が速い**だろう。

「２０２０年のＩＰＯ、しかも、時価総額１００億円以下」等でスクリーニングすれば、ＡＩ　ＣＲＯＳＳ（４４７６）の74億円、ピー・ビーシステムズ（４４４７）の57億円、インフォネット（４４４４）の28億円等々、いくらでもある。

四季報でなくとも、時価総額ランキングで下位から見ていくことも可能だ。

そこから10倍株を探そう。

鬼100則 

自己資本比率で会社の強みと弱みを見る

自己資本というのは、返済の必要のないお金のこと。

会社を経営するには資金が必要である。

その資金を自前で用意するのか、それとも、他人から借りるか。ここが問題である。

赤字続きの会社は自己資本が決まって少ない。

借入金が多いと、金利が低い昨今でも金利負担が大きく、倒産の危険性が上がる。

何より、借り入れが常習化して運転資金の原資に充てる自転車操業に陥っていないか、外からは見ることができない。

では、どのくらいの自己資本があれば安心できるのか。

大体**40%は欲しい**。

それだけあれば、何かあっても自己資本で返済できる。

新興のマクアケ（4479）は50%で優良だ。メドレー（4480）は62%で万全である。

人気銘柄のＢＡＳＥ（４４７７）は前年度27％から２０２０年12月期では57％に上げて来た。

５Ｇのアンテナで有名なＪＴＯＷＥＲ（４４８５）は41％と合格ライン。

全国スーパーマーケットの特売情報を提供する新興のロコガイド（４４９７）は90％もある。安定極まりない。

注意すべきは、**【財務】以下の欄は直前の決算で確定された決算書を元にしている**ことだ。６月決算の銘柄を６月発行の夏号で見る場合、前半の決算から1年の間に財務状況が変わっているだろうことは、直近の業績等から伺い知るしかない。

ところで自己資本比率は、自己資本を自己資本と他人資本の和で割ったものである。自己資本に比べ借入金が多いと自己資本比率は小さくなる。

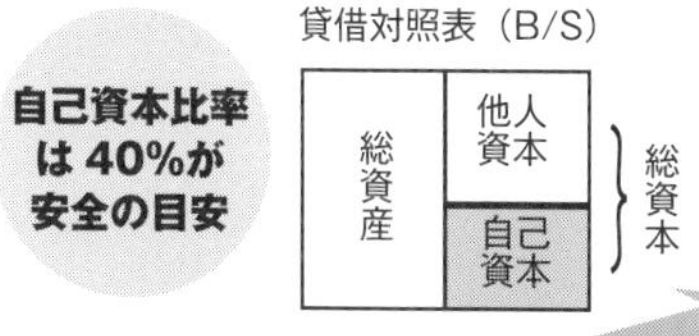

自己資本比率は40%が安全の目安

貸借対照表（B/S）

総資産	他人資本	総資本
	自己資本	

$$自己資本比率 = \frac{自己資本}{総資本（＝総資産）（＝自己資本＋他人資本）} \times 100$$

自己資本比率は高いほうが安全性が高い。
借金少なく、事業を回せる会社の評価が高い

【株式】 4,250千株
単位 100株 貸借
時価総額 26.7億円

【財務】<20.6>	百万円
総資産	4,520
自己資本	3,870
自己資本比率	85.6%
資本金	360
利益剰余金	4,087
有利子負債	0

【指標等】		
ROE	9.5%	予19.8%
ROA	8.1%	予16.9%
調整1株益		一円
最高純益(20.6)		166
設備投資		8
減価償却		2
研究開発		3

【キャッシュフロー】百万円
営業CF 380(160)

利益剰余金がマイナスなのは問題だ

財務状況の欄は、投資先として会社を見る時は、ことのほか注視しなければならない。**利益剰余**というのは、簡単に言えば、会社の利益の積み重ねのことを言う。大体の会社はこのデータはプラスである。

ただ【業績】欄が毎年▲だらけの赤字経営の会社は当然利益は「マイナス」、借金しかない。このような会社に投資する理由は考えられないので、やめたほうが賢明だ。

例えば、2019年のバイオショックで仕手化したサンバイオは21年度も大赤字で、利益剰余金はマイナス。

かたや黒字転換しているペプチドリーム（4587）は利益剰余もプラス。

サンバイオは、ある時は剰余金はプラスだったのだろうが、経営がうまくいかず、現金を使い果たし、そのうち、借金を背負うことになったという時系列に読める。

マイナスが増えれば「借金地獄」。その先が心配である。

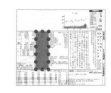

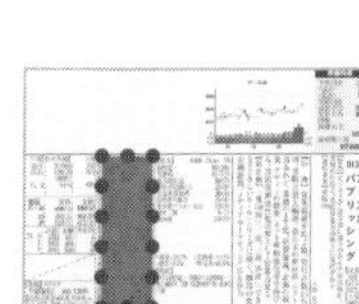

とはいえ、**赤字の会社が全て、剰余金マイナスとは限らない。**

対コロナの移動制限のため赤字のＡＮＡや日本航空は、利益剰余金は大きくプラスである。前期までの万全の蓄えをもってして、大切なインフラを守る姿勢を、国も銀行も支援するだろうことが、このようなデータにも表れている。

ただ、背景には公募増資等で資金をプールしている場合もあるので、よく見なければならない。

業績が「反落」表記のスマレジ（４４３１）は、クラウドＰＯＳレジアプリの会社。業績は芳しくないが前期までの利益剰余金はまあまあである。自己資本比率も83％あるから借金まみれではない。

この辺は大切なところなので、見ておきたい。

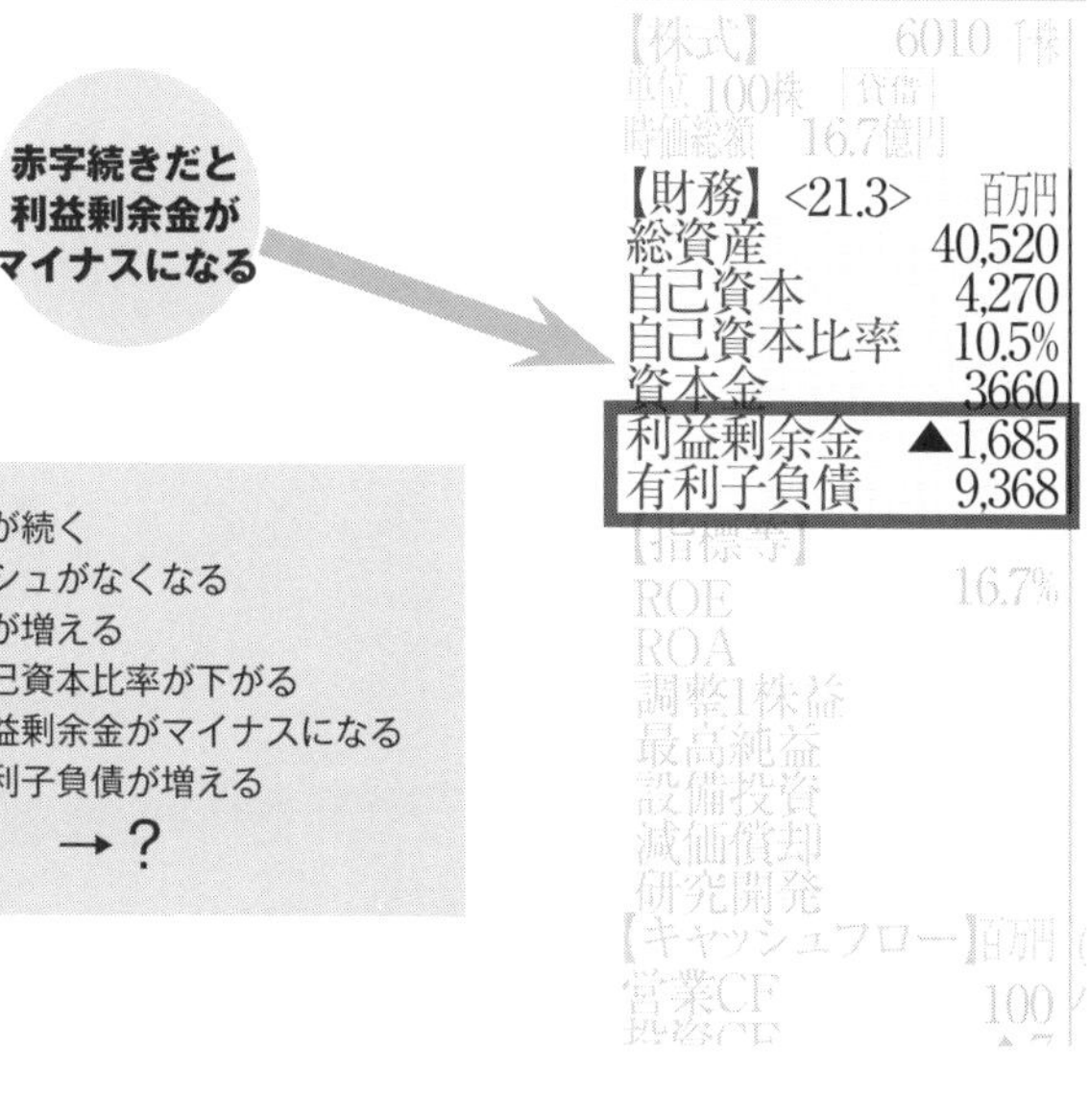

赤字続きだと
利益剰余金が
マイナスになる

【株式】 6010千株
単位100株 貸借
時価総額 16.7億円

【財務】<21.3>	百万円
総資産	40,520
自己資本	4,270
自己資本比率	10.5%
資本金	3660
利益剰余金	▲1,685
有利子負債	9,368

【指標等】
ROE 16.7%
ROA
調整1株益
最高純益
設備投資
減価償却
研究開発
【キャッシュフロー】百万円
営業CF 100

赤字経営が続く
→キャッシュがなくなる
→借金が増える
→自己資本比率が下がる
→利益剰余金がマイナスになる
→有利子負債が増える
→？

鬼100則

債務超過には注意せよ

企業はその活動でうまくいかないと、債務が多くなり、借金が雪だるま式に増えて、負債の総額が資産の総額を超えることがある。

これを**債務超過**という。

会社の資産を全て売却しても、負債を返済し切れない状態で、万が一さらなる資金調達ができなければ、倒産の可能性もある。

コロナで経営が圧迫され、一時的にせよ債務超過に陥った企業はどんどん出て来るので、要注意である。当然株価は下がるからだ。

具体例をあげると「いきなりステーキ」のペッパーフードサービス、「カラオケの鉄人」を運営する鉄人化計画、洋菓子の「ヒロタ」を経営する21ＬＡＤＹ等だ。

ただし、コロナ禍の中でも血のにじむような努力や工夫をして利益を出しているサービス業も多々あり、ここにあげた企業はコロナ前からの赤字体質がここに来て耐えられなくなったと見るべきだ。

ところで、債務超過イコール倒産とは限らない。借金を何らかの形で返すとか、新たに株を売り出して資金調達するとか、思わぬ事業の好転で危機を脱することは、ままある。債務超過から半導体子会社の売却と第三者割当の増資６０００億円で乗り切り、解消した東芝が好例だ。レアなケースではあるが。

また、赤字と債務超過は同一視できない。赤字が累積すると債務超過につながるが、赤字の会社はいくらでもある。赤字でも、支援する金融機関があれば生き残れるし、しかるべき展望に基づいた経営方針があれば、やがて黒字化し、会社の財務は劇的に改善するかもしれない。

このタイミングで株価も急上昇しやすい。

季刊の四季報だけでなく、日経やＹａｈｏｏ！ファイナンス、株探等のニュースで知ることができるだろう。

財務は大切な株価変動のシグナルである。

有利子負債は内容による

有利子負債は、読んで字のごとく、利息の付く借金である。

この数値が大きいからといって「借金体質」と見るのは早計だ。

企業が活動するため、特に新興の企業は結果を出す前に「種をまく」「研究する」という活動を行う。

それを支援するために、金融機関が資金を貸す。

投資家が株式を買って支援する。

しかし、銀行も返済の見込みのない企業に金は貸さない。

サラ金まみれの人にお金を貸す人がいないのと同じである。

負債には銀行からの借り入れのほかにも、いろいろある。

普通社債、転換社債、コマーシャルペーパー等である。

ただ、企業活動で資金調達できるということは、ある意味では信用の証でもある。

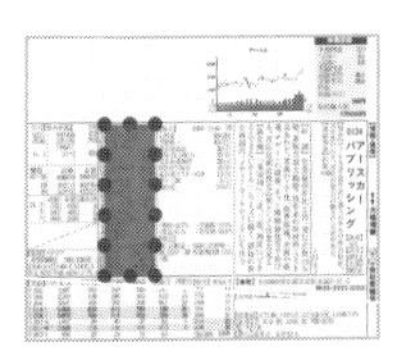

あの世界のトヨタの借入金額は半端ではないが、同時に、巨額の利益剰余金がある。

銀行等とのお付き合いがあるので、お金を借りてあげて利息を支払い、銀行の社員にも車を買ってもらうのだ。余裕のお付き合いである。

資金に余裕があっても、それなりに金融機関から借り入れて「お金を回す」のも優良企業の役目。

ＥＣ支援のヒト・コミュニケーションズ・ホールディングス（４４３３）は、業績向上中で、有利子負債はそこそこあるが、自己資本比率も43％あるので、財務基盤は問題ないように見える。

有利子負債は、業績が上向きになれば気にしなくてもよい数値と言える。

もちろん、過大な債務には問題があるが。

【財務】	百万円
総資産	24,520
自己資本	13,870
自己資本比率	56.6%
資本金	360
利益剰余金	14,087
有利子負債	5,420

有利子負債があっても自己資本比率が高く業績が上向きならばそう問題なし

有利子負債上位５社業績（2021年５月時点最新）

コード	社名	有利子負債（百万円）	売上高（百万円）	自己資本比率（%）
7203	トヨタ自動車(株)	25,659,635	27,214,594	37.6
9984	ソフトバンクグループ(株)	18,512,975	5,628,167	20.1
8604	野村ホールディングス(株)	9,735,625	1,617,235	6.3
7267	ホンダ	7,720,985	13,170,519	40.0
9432	日本電信電話(株)	7,624,337	11,943,966	31.2

鬼100則 

「ROE」の比率は外資が最も気にするデータ

「ROE（自己資本利益率）」は大変、重要なデータである。

これはいかに資本金を効率的に運用して利益を生み出したかの指標になる。

投資家からすれば、「我々が買った株式の代金を有効活用したか」という尺度なのだ。

この指標では**10～20%あれば「優良企業」**「よく頑張っている」と評価できる。

ちなみに、天気予報のウェザーニュース（4825）は12%、貴金属リサイクルのアサヒホールディングス（5857）は14%、多摩川ホールディングス（6838）は11・7%、村田製作所（6981）が11%、半導体関連の人気株・レーザーテック（6920）はなんと30・8%。

トヨタはぎりぎり10%だが、今期予想は8・7%予想。なので、なかなか株価は上に行かない。

優良の銘柄でも、個々を見ることは重要だ。

このように、資本金をいかに生かすかはハードルが高い。

投資効率優先で動く外資系のファンドはこの数値に極めてシビアである。

ROEが1桁の銘柄の株価は、一律に冴えない傾向がある。一部の材料株を除いては。

ましてや、ROEがマイナスというのは最悪だ。株価は長期低迷に間違いない。経営の効率について、猛省をしないと存続さえ怪しくなるわけである。

人気の新興市場の銘柄を見ると、JTOWER（4485）がROEわずかにマイナス（来期はプラス）、マクアケ（4479）がROE25％等相当なばらつきがある。

このようなデータはイケイケでの投資にブレーキをかけるためにも用心して見たほうが良い。

ROEは10～20%が良好の目安

$$\text{ROE（自己資本利益率）} = \frac{\text{当期純利益}}{\text{自己資本}} \times 100$$

貸借対照表（B/S）

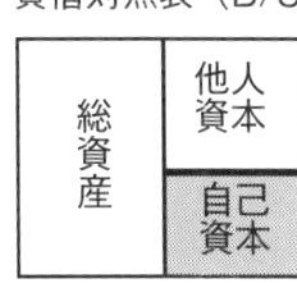

損益計算書（P/L）

費用	収益
利益	

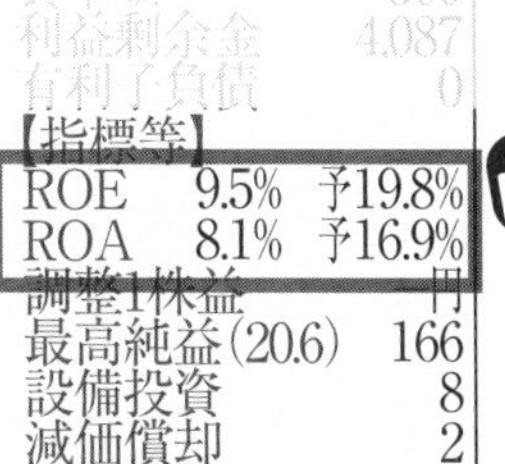

【財務】<20.6>	百万円
総資産	4,520
自己資本	3,870
自己資本比率	85.6%
資本金	360
利益剰余金	4,087
有利子負債	0
【指標等】	
ROE	9.5%　予19.8%
ROA	8.1%　予16.9%
調整1株益	―円
最高純益(20.6)	166
設備投資	8
減価償却	2
研究開発	3
【キャッシュフロー】	百万円
営業CF	380(160)
投資CF	▲7(3)
財務CF	▲40(36)
現金同等物	2,070(1,460)

「最高純益」の時期を見る

最高純益という欄がある。

ここは、利益がどれだけかよりも、その会社が、**いつの時点で最高の利益を上げたかの**ほうを注視しよう。

「業績の伸び」「今の立ち位置」を知るうえで大切なデータだからである。

その会社が「最高」なのは30年も昔のことだったら、とっくに「オワコン」だ。

成長の可能性は限りなく低い。

ずっと赤字だったが、ようやく黒字になった直近の決算が最高純益（ＩＰＯに多い）。

上場前から業績が良く、右肩上がり。

至近のデータが結果的に一番良い。

このように「だんだん良くなる」というのは、株価が右肩上がりになりやすい要因である。

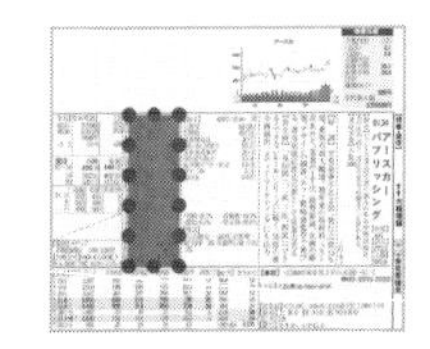

人気の銘柄はそうなっている傾向が強い。

最高純益が「▲４５０」等という数値を見ると（なぬ？）となるが、それまではもっとひどいマイナス、すなわち大赤字の企業の赤字幅が小さくなった、「最高」なのである。

数値としては、最高純益の後にさらに良い数値が出て来る（予想される）ことが望ましい。

一度でも凹む時があると、株価は右肩上がりにはならない。

利益の大小ではなく、小さくても良いから黒字、小さな黒字からだんだん大きくなる黒字。

このようなデータがあると市場に評価されて、株価はどんどん上がる可能性が大きい。

【財務】<20.6>	百万円
総資産	4,520
自己資本	3,870
自己資本比率	85.6%
資本金	360
利益剰余金	4,087
有利子負債	0

【指標等】		
ROE	9.5%	予19.8%
ROA	8.1%	予16.9%
調整1株益		一円
最高純益(20.6)		166
設備投資		8
減価償却		2
研究開発		3

【キャッシュフロー】	百万円
営業CF	380(160)
投資CF	▲7(3)
財務CF	▲40(36)
現金同等物	2,070(1,460)

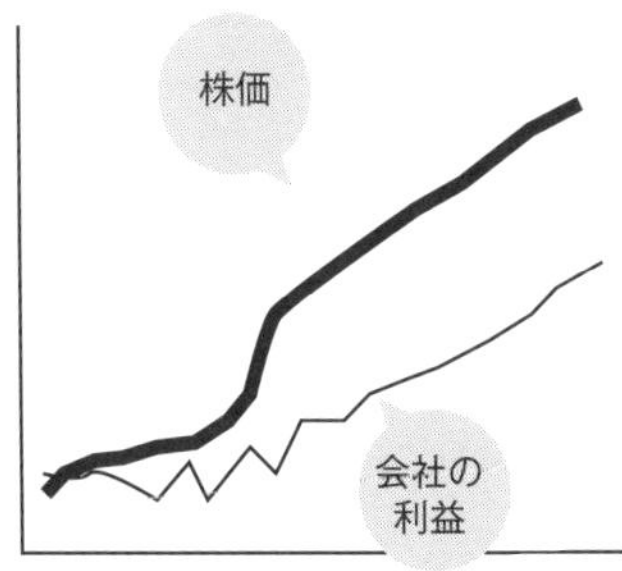
利益が拡大
傾向の銘柄は
株価も右肩上がりの
確率が高い
株価
会社の
利益

鬼100則 

研究開発費が少ないのは問題だ

会社の研究費、開発費は次なる成長のエンジンである。

デジタルトランスフォーメーション（ＤＸ）が盛んに言われる昨今。

これからは仕事や生活全てがデジタルにつながり、従来のアナログの仕組みや思考は通用しなくなる。

これを取り入れることで効率的に高付加価値を生み出せるならば、注力しない手はない。

企業が会計で「研究・開発」として計上できるのは、新しい知識の発見に費やした調査費用であり、開発は新しい製品やサービスを生み出すための経費である。

このような経費を計上している会社と「ゼロ」となっている会社があるが、投資の対象としては**計上している会社のほうが将来への期待が大きい**のは当然である。

四季報に小さく1行で掲載されているこのデータ。

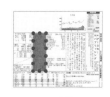

見逃しがちだが、この小さなところにも目をつけておきたい。

ソニーは４９９２億円を前期に計上し、今期は５０００億円になる予定。ＴＤＫは前期に１１７４億円、今期に１２００億円を予定、トヨタに至っては１兆１１００億円もの費用を計上している。

新興のＩＰＯ銘柄は未定が多いが、計上できる銘柄は評価したい。

東海ソフト（４４３０）はＩｏＴソフト関連だが、研究開発費を増やしている。「行政のデジタル化」にも参画する企業だけに、なるほどだ。

このように、企業の成長や業績の可能性は研究・開発にあると言っても過言ではないだろう。注目したいデータである。

鬼100則 57

設備投資の動向は未来の収益だ

設備投資は企業の活動の中でもわかりやすく前向きの動きで、これを行わない企業は投資の対象として疑問を抱かざるを得ない。

特に現在は、ＳＤＧｓ（持続可能な開発目標）の動きや政府の掲げる２０５０年の脱炭素、再生エネルギー、水素社会に向けて、あらゆる企業が公共性の高い、環境に配慮した経営に向け、設備投資を行いつつある。

早い話が、設備投資ゼロや少ない企業は「地球の将来に向けて何も配慮していない」というメッセージを発していることになる。

そのような会社は、世界中の機関投資家、ファンドの投資の対象にならず、株価の大きな値上がりは期待できないどころか、やがて来るであろう炭素税の負荷により、業績の悪化につながりかねないのだ。

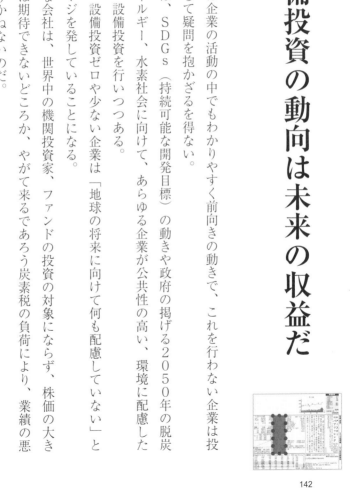

三井不動産、三菱地所等、丸の内の大家さんは持ちビルの全ての電気を再生エネルギー

で賄う方針を示している。

機械のコマツも水素エネルギー等での稼働を目指す。

また、多くのメーカーは「脱炭素」「持続可能性」への対応がより顕著で、新しい基準を満たす工場の改編や新設が設備投資の大きな要因となる。

例えばフラッシュメモリのキオクシア（東芝系）は21年5月に２００億円を投資しての技術開発新棟の建設を伝えている。競争に勝つためである。

設備投資は、企業が事業に用いる設備に対して行う投資のことである。

その内容は、生産設備の新設、拡大、更新、補強だけでなく、省エネ、省力化、合理化である。今様に言えば、脱炭素、デジタル化だ。

このような視点から、それぞれの企業の設備投資の内容をＩＲ情報等も参考にしながら、読み解いていきたい。

そこに、企業の将来像や発展が見通せるわけである。

鬼100則 58

キャッシュ・フローは少ないと不安

この数値も会社の内情を示す重要な数値である。

キャッシュ・フローとは、簡単に言えば、「お金の流れ」のこと。

会社にキャッシュ（現金等）が入って来ることを「キャッシュ・イン」、キャッシュが出ていくことを「キャッシュ・アウト」と言う。そしてキャッシュ・インからキャッシュ・アウトを差し引いた残りが「キャッシュ・フロー」だ。

会社員が会社から給料を支払われて、家賃や食費や光熱費等々に支出して1か月過ごした後に残ったお金、と言えばイメージしやすいだろうか。

ここで言う企業の「キャッシュ」は現金、預金だけではなく、換金性が高く、換金できる金額がおおよそわかっているものも含まれる。

換金性が高いものには、満期の来る定期預金、投資信託がある。

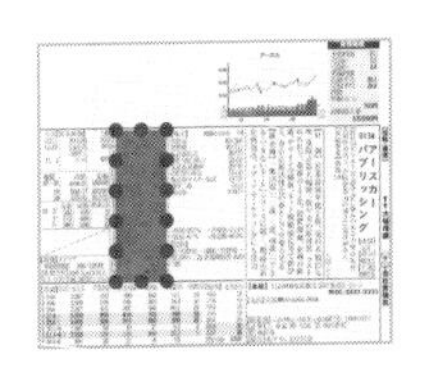

「キャッシュ・フロー計算書」は、会社がどのようなお金を得てどのように使ったかをまとめた表で、上場企業のみに作成が義務づけられている。

株式を公開し、投資家にリスクを負わせて、資金を出してもらっている立場からの義務である。

重要な会社の状態を示しているので、投資の際には必ず確認したい。

当たり前だが、**キャッシュ・フローがマイナスの企業は要注意**である。親が資産家でいくらかの貯金があったとしても、毎月の支出が給料を大きく上回る生活を続けたら、いつかは回らなくなるのは自明だろう。

赤字が続いている企業はキャッシュが少ないかマイナスなので、よく見ておくことが大切だ。

キャッシュ・フロー

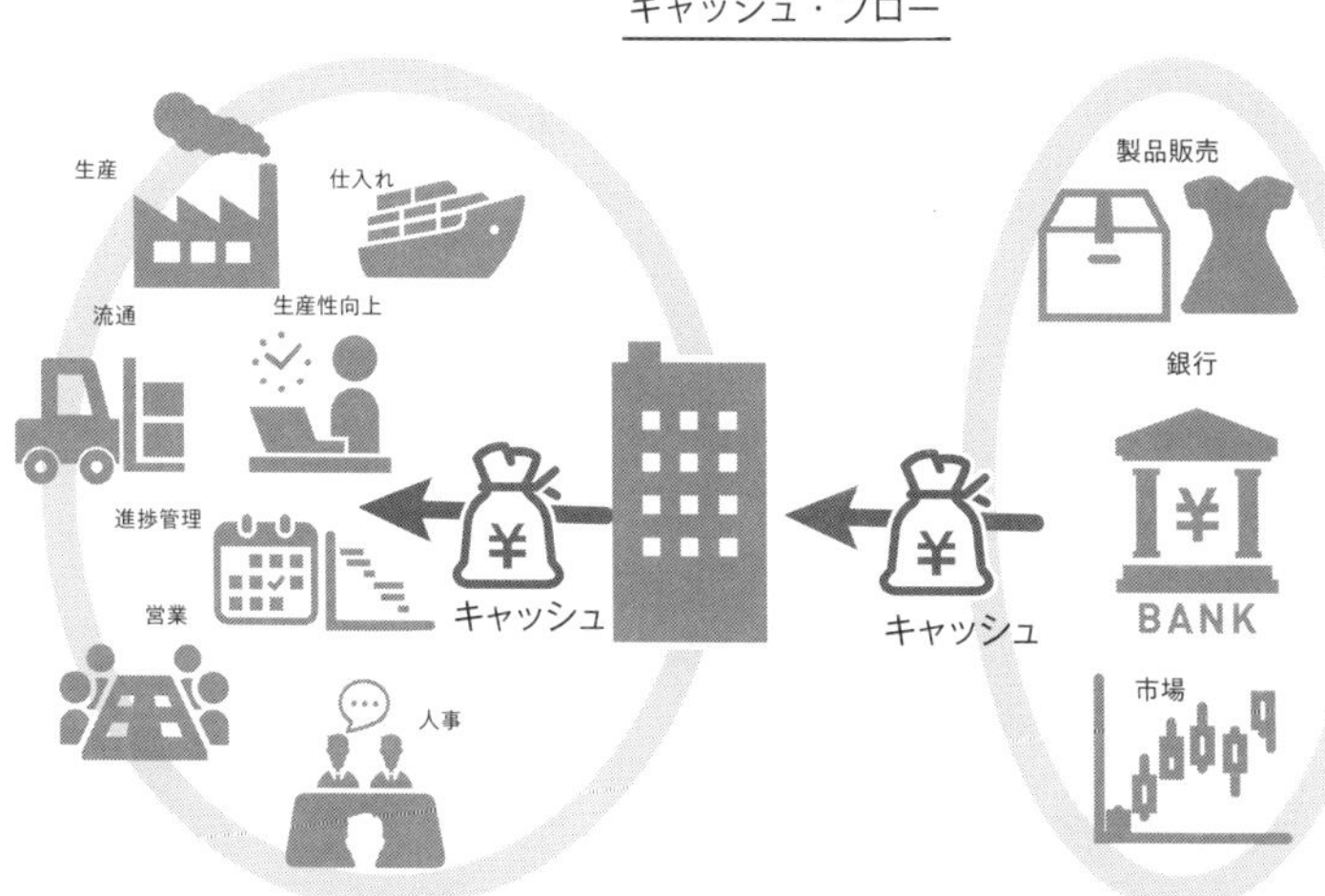

鬼100則 59

本業で稼いだお金の「営業キャッシュ・フロー」

キャッシュ・フローの中で最も会社の体力・経営状態がわかるのは、「営業キャッシュ・フロー」である。

これは「営業活動によるキャッシュ・フロー」。

事業の上での売上、仕入れ、経費の支払い等、会社の本業でどれだけのお金を稼いでいるかを表す。

企業の経営状況を表す重要なもので、このデータがマイナスの企業への投資は、事業が振るわない会社に投資するわけで勧められない。

大事なお金を投資するからには、プラスであることが大前提である。

営業キャッシュ・フローは、本業による稼ぎを表すので、この数値がマイナスということは、

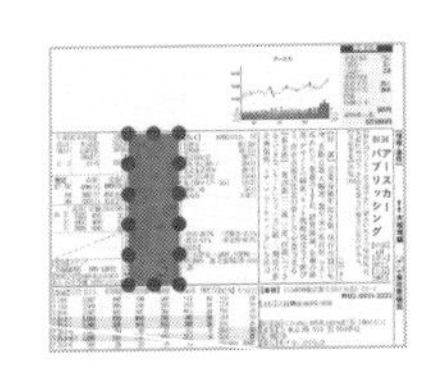

・売上が不振である
・売上があっても、代金が回収できない
・経費が多過ぎる
等の経営上の重大な問題が潜んでいることが多い。

四季報を見る際に注意すべきは、【キャッシュフロー】の項目も**前期の確定済みの決算を元にした数字**であることに加え、**（ ）内の数値はその前の期の数字**であることだ。

今期の売上高が過去最大に落ち込んでいるような、観光業やサービス業の銘柄に、前期の財務数字を引っ張り出して来てそのまま分析しても、まず意味はないことがおわかりだろう。

先を予測する眼が必要である。

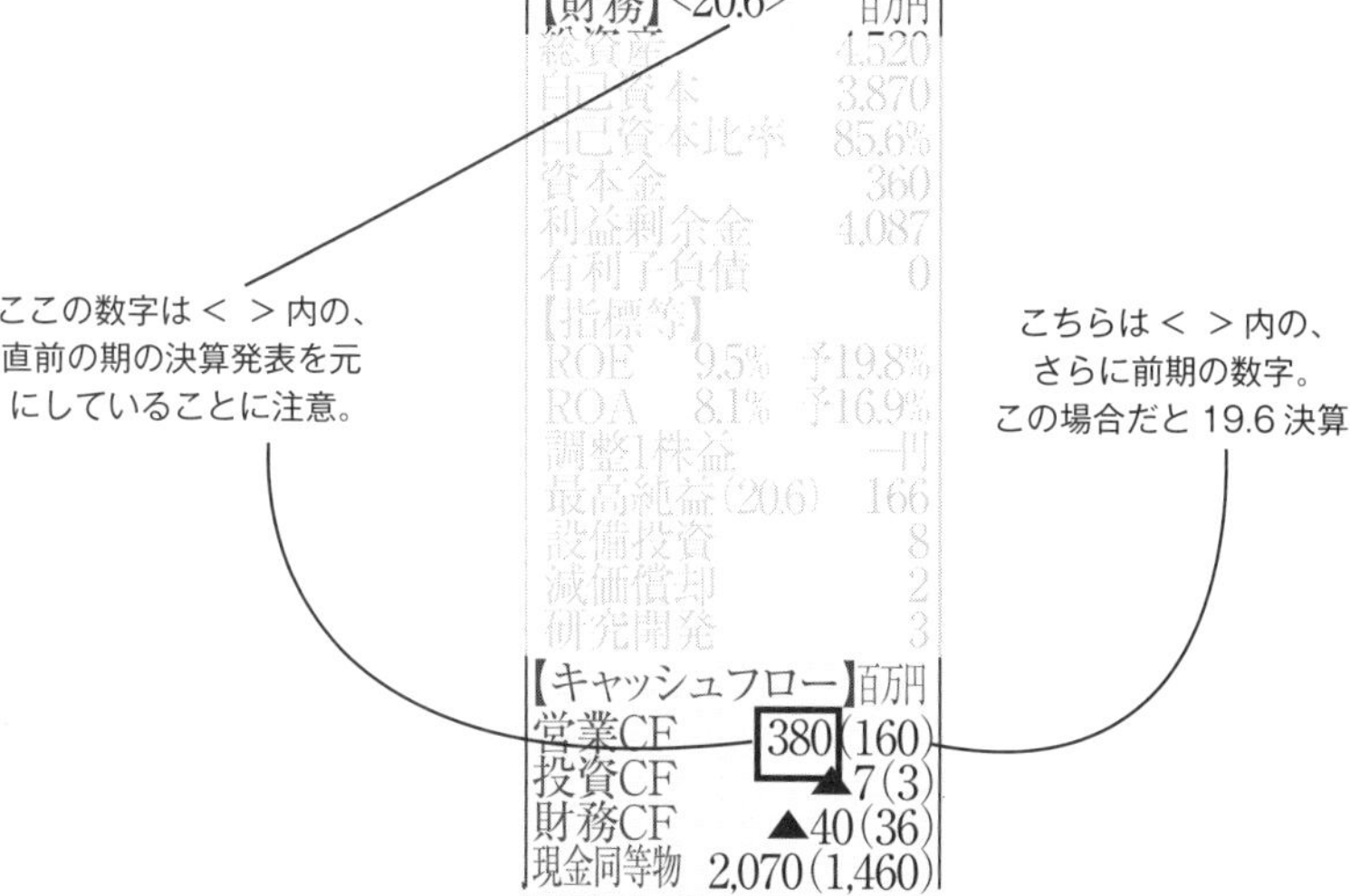

【財務】<20.6>		百万円
総資産		4,520
自己資本		3,870
自己資本比率		85.6%
資本金		360
利益剰余金		4,087
有利子負債		0
【指標等】		
ROE	9.5%	予19.8%
ROA	8.1%	予16.9%
調整1株益		—円
最高純益(20.6)		166
設備投資		8
減価償却		2
研究開発		3
【キャッシュフロー】		百万円
営業CF		380(160)
投資CF		▲7(3)
財務CF		▲40(36)
現金同等物		2,070(1,460)

ここの数字は＜ ＞内の、
直前の期の決算発表を元
にしていることに注意。
こちらは＜ ＞内の、
さらに前期の数字。
この場合だと 19.6 決算

鬼100則 

投資キャッシュ・フローはマイナスでも嘆くべからず

投資活動によるキャッシュ・フローでは、会社がどれだけ事業を成長させるために投資しているかを表している。

新たに設備を購入する等の投資を行えば、この数値はマイナスになる仕組みである。

ちなみに、営業キャッシュ・フローと投資キャッシュ・フローを足したものが「フリーキャッシュ・フロー」と言う。これがマイナスな企業は「自由になるお金が少ない」ことになる。

ただしマイナスだからと言って決して悪いことばかりではない。

例えば、世界の優良企業のトヨタで言うと営業キャッシュ・フローは巨額のプラスだが、投資キャッシュ・フローは大きなマイナス。それだけ、今後の企業活動のためにお金を投じていることを意味する。

ソニー、パナソニックも同様の傾向が見える。マクアケ（４４７９）やメドレー（４４８０）、クラウドＩＤ管理サービスのＨＥＮＮＧＥ（４４７５）等新興のＩＰＯ銘柄も積極的な投資を行っている。

投資キャッシュ・フローがマイナスなのは未来志向で成長する企業の特徴であり、これらの数値は気をつけて確認していきたい。

少し難しい話になるが、投資活動によるキャッシュ・フローで注目したいのは、「固定資産の取得による支出」。

これが減価償却や現損損失より大きければ、積極的に投資をしていることになる。

企業は、たえず来るべき変化や将来の需要に応えるために投資が必要であり、それを継続的に行っていることが大切である。

営業活動によるキャッシュ・フローと投資活動によるキャッシュ・フローを足したものが、最終的に手元に残ったお金、すなわち、現ナマである。だから、営業キャッシュ・フローがマイナスの企業は現金は少ない（またはマイナス）わけである。

鬼100則 61

財務キャッシュ・フローもマイナスでいい

財務活動によるキャッシュ・フローは、会社がどのように資金を調達したかがわかる数値である。

本業で稼いだお金は営業によるキャッシュ・フローに区分される。

それに対して、借り入れや投資家からの出資等、本業以外で得たお金は財務キャッシュ・フローに区分される。

日常生活で、たくさん「借り入れる」つまり借金が大きくなると赤字で▲がつくイメージだが、こと財務キャッシュ・フローに関しては、感覚が逆で、プラスになる。

これが企業の会計の仕組みなので、確認したい。

財務活動によるキャッシュ・フローには、次のようなものがある。

・短期借入金の純減少額

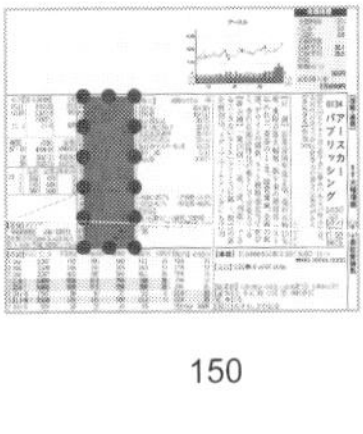

・長期借入による収入
・長期借入金の返済による支出
・配当金の支払い額

ここでいう「借入金」の返済分はマイナスで表示される。財務活動によるキャッシュ・フローが最終的にプラスであれば、資金調達額が返済額を上回る状態となるので、現金は潤沢であることがわかる。

我々投資家への優待や配当は、この財務キャッシュ・フローの数値に「マイナス」として反映されることになる。

財務キャッシュ・フローがマイナスでも、特に悪いことではないので、間違わないようにしたい。

財務キャッシュ・フロー

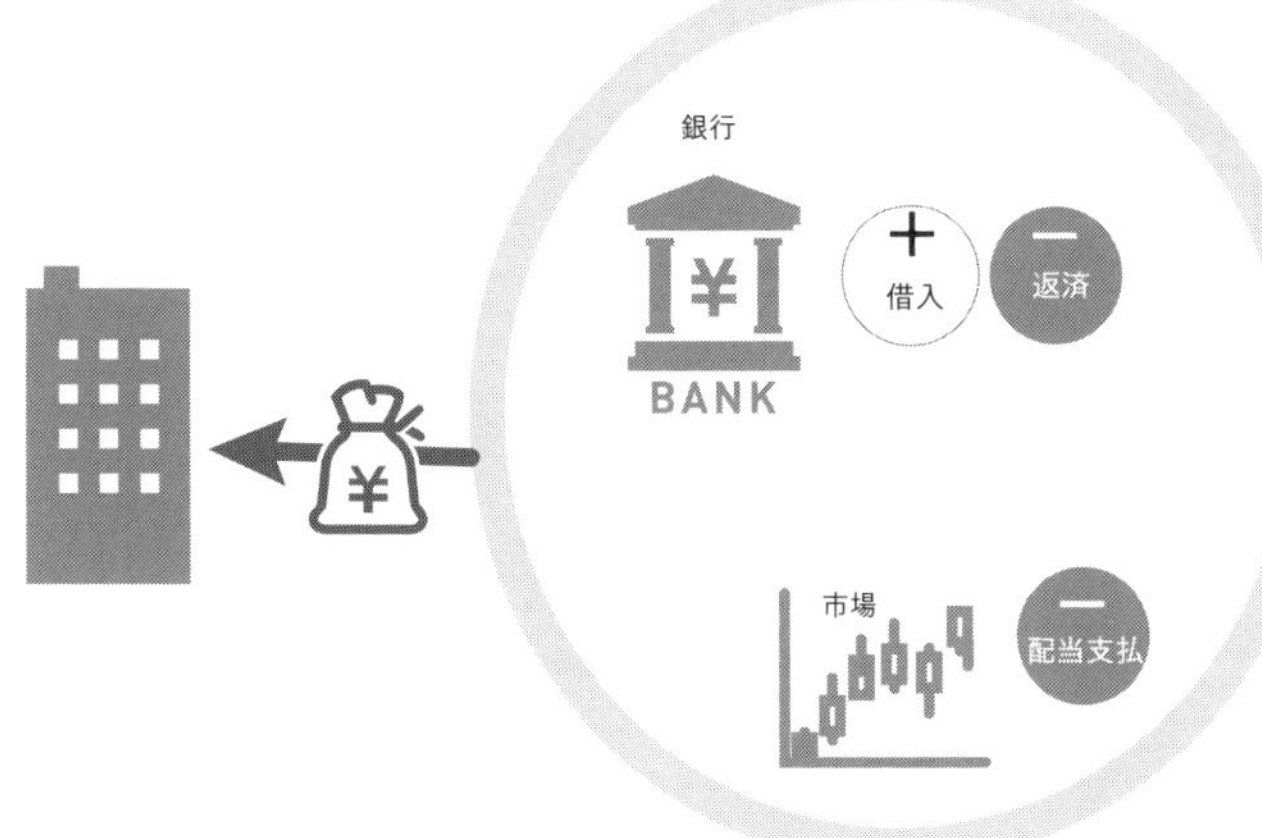

鬼100則 

キャッシュ・フローのバランスを正しく見る

キャッシュ・フローは全体のバランスを見ることが大切である。

全体でキャッシュ・フローがプラスでも、営業キャッシュ・フロー（本業の儲け）を財務キャッシュ・フローで補っている場合には、借り入れ過多等で会社の経営状態は良いとは言えない。ここは、注意点である。

営業キャッシュ・フローがマイナスで、投資キャッシュ・フローと、財務キャッシュ・フローがプラスという会社であれば、これは経営面で厳しい状況。

すなわち、本業が赤字で、投資と財務で補っている苦しい会社の財務状況を表している。

「難しい」等と考えないで、大切なお金の投資なので、四季報のこのデータはきちんと抜かりなく見ておきたいものである。

個別に、新興の銘柄の財務状況を見ると、**営業キャッシュ・フローに比べて、財務のキャッシュ・フローが過大**な会社が見られるが、これは会社が本業の儲けがまだ少なく、借り入れ等に頼っていることを示す。

特に、上場間もない時は仕方ないが、事業内容が前向きに推移していないと、厳しいと言えるので、用心したい。

四季報は情報の宝庫だが、【キャッシュフロー】欄はその最たる重要なデータなので、見逃さないようにしたいところである。

目立たないが、実は重要なデータをどこまで見抜けるかが株式投資の勝敗のカギになる。

【キャッシュフロー】	百万円
営業CF	380(160)
投資CF	▲7(3)
財務CF	▲40(36)
現金同等物	2,070(1,460)

・営業キャッシュ・フロー⬆
　→事業がうまく回っている。
・投資が積極的
・前期は借り入れ返済したため財務キャッシュ・フローはマイナス（借金少なくなったので◎）

【キャッシュフロー】	百万円
営業CF	▲100(▲70)
投資CF	▲7(0)
財務CF	100(70)
現金同等物	210

・営業キャッシュ・フロー２期連続赤字、事業がうまくいっていない。
・前期・前々期ともに営業キャッシュ・フローのマイナス分を借り入れ等で手当していることが見てとれる。危険

第7章

「コメント」から読み解く内容

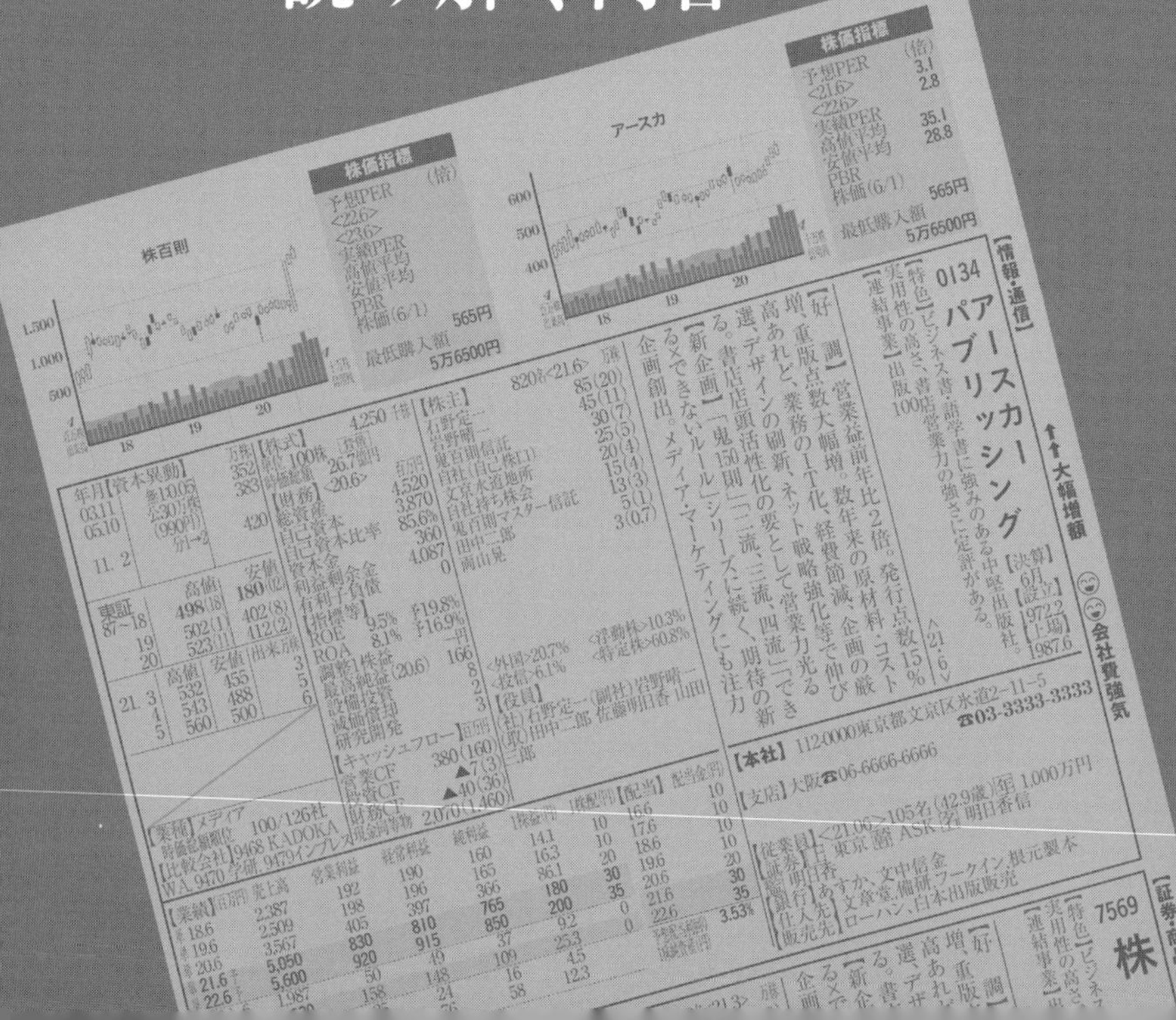
【情報・通信】

0134 アースカーパブリッシング

↑↑大幅増額

【特色】ビジネス書・語学書に強みのある中堅出版社。実用性の高さ、書店営業力の強さに定評がある。

【連結事業】出版100

【決算】6月【設立】1972.2【上場】1987.6

【好調】営業益前年比2倍。発行点数15%増、重版点数大幅増。数年来の原材料・コスト高あれど、業務のIT化、経費節減、企画の厳選、デザインの刷新、ネット戦略強化等で伸びる。書店店頭活性化の要として営業力光る。

【新企画】「鬼150問」「二流、三流、四流」「できるやできないルール」シリーズに続く、期待の新企画創出。メディア・マーケティングにも注力

【本社】112-0000東京都文京区水道2-11-5 ☎03-3333-3333

【支店】大阪☎06-6666-6666

株価指標

予想PER（倍） 3.1

実績PER 35.1

高値平均 28.8

株価(6/1) 565円

最低購入額 5万6500円

やる気も能力もある〝傑出した企業〟が、トラブルに見舞われたり、経営が悪化したところが買い場である。

フィリップ・フィッシャー

株価は最終的に業績で決まる。腕力相場は敬遠する。

是川銀蔵

鬼100則 63

見出しを盲信するべからず

四季報に掲載される「コメント欄」は、四季報の記者、編集長がプライドをかけて表現したものである。

2分の1ページに1つの会社の経営状況、財務、株主、株価、お金の流れ等全てが詰まっている。

そのデータを代表しているのが、「コメント」である。

どのようなコメント、見出しがつくのか、投資家、取引先、会社そのものが注視している。

上場2年目のカオナビ（4435）には、【ゼロ圏】という見出しがついたが、これには投資家も、当の会社もがっかりか。

しかし、人件費や広告費がかさみ、せっかく売上が上がってもプラマイゼロの経営をうまく表現している。

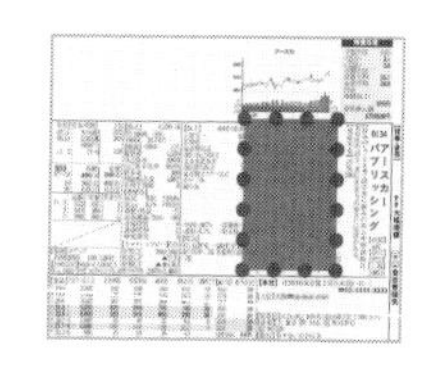

致し方ないだろう。

それに対して、２０１９年上場のＷｅｌｂｙ（４４３８）には２０２１年新春号で【連続増益】という見出し。しかし、それにしては株価は右肩下がり。上場時が最高値で後はだらだら下がった。

これは、**コメントと株価は連動していない**証。四季報のコメントと、株価がリンクしない例はいくらでもある。

コメントを見ただけで投資を考えるような安易さでは、うまくはいかないのだ。

ちなみにＷｅｌｂｙの四季報次号のコメントは、しれっと【底打つ】となっていた。前号では微塵も見せなかった「底」。用心して読むべし。

4438 Welby

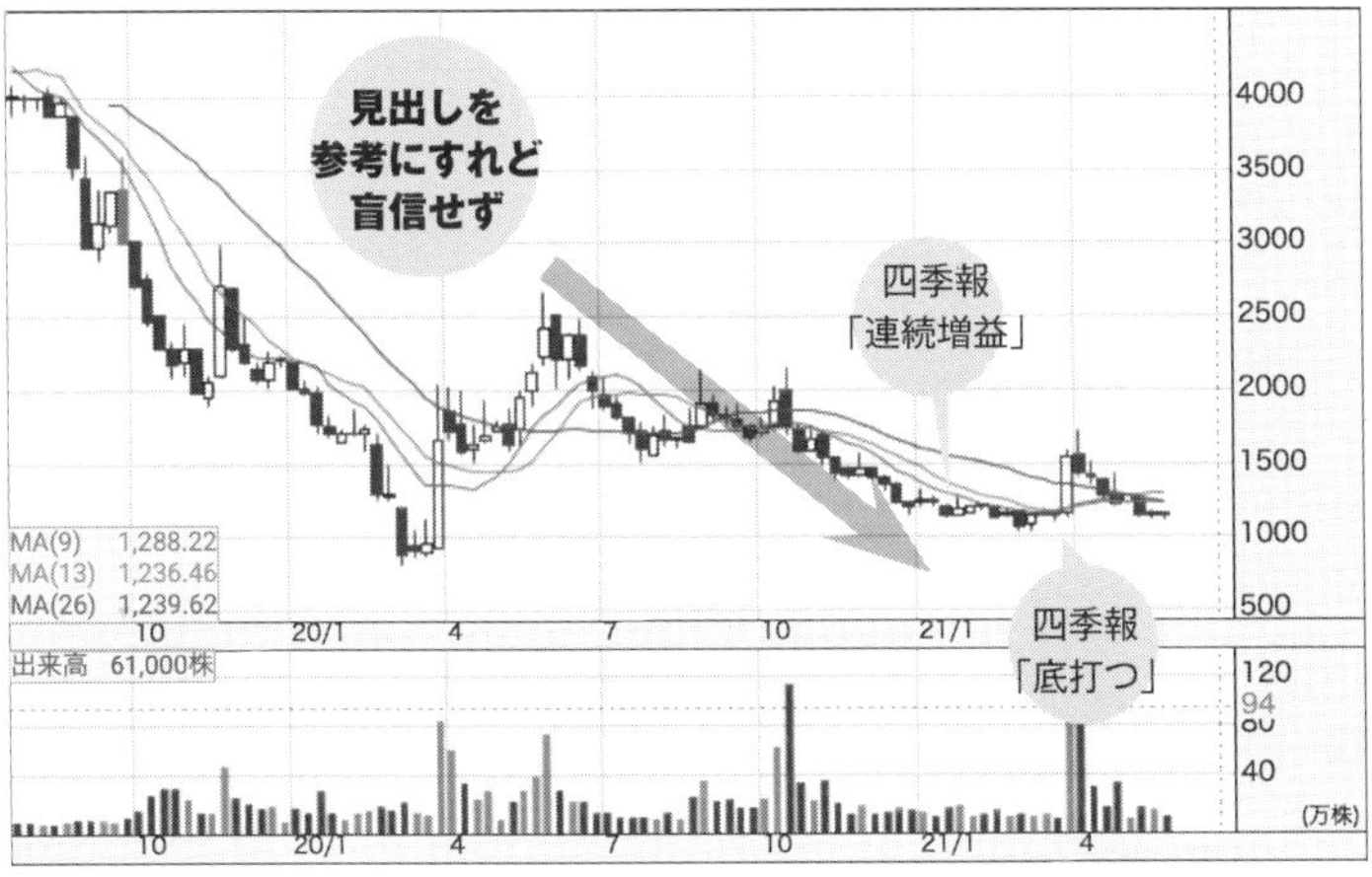

鬼100則 64

最高のコメントを出した会社のその後は

株価も絶好調、業績も好調という銘柄を、四季報2021年新春号から拾ってみた。

例えば、【連続増益】【受注続々】というコメント見出しのビーアールホールディングス（1726）の株価は「うなぎ上り」と予想するだろう。

ここが落とし穴。好事魔多し。

同社は2021年2月に500万株を超える公募増資を発表した。株数にして10％の希薄化である。

株価は当然下落した。営業キャッシュ・フローの2期連続赤字に着目すべきであった。

中古車や切り花等小売店向けネットオークション関連のオークネット（3964）には【最高益】のコメント。しかし、人気はない。長期にわたり株価は横ばいに近い。

こういうのもあるから、すぐに飛びつくのは危険だ。

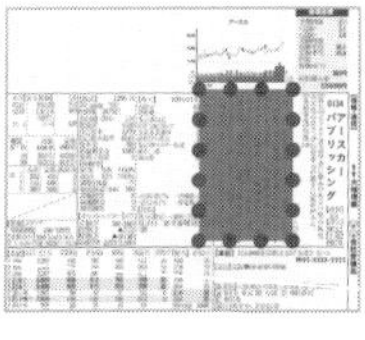

ＪＴＯＷＥＲ（４４８５）はどうか。【成長加速】【5G追い風】とある。コメントの通り、株価はどんどん上がり、２０２１年に入って１万３０００円台の最高値を付けた。次号でも【営業益続伸】の報。ただ、その後の動きは下落しているので、強気満々はいただけない。

トヨタはどうか。「上振れ」「電動化」とある。波には乗っているが、株価はいまいちである。世界的な会社なのに、なぜか１万円に届かない。上値が重い。

コメントの印象と株価は必ずしも連動していないことを知っておきたい。

コメント次第で儲かれば苦労はない。あくまでもタイミングである。

1726　ビーアールホールディングス

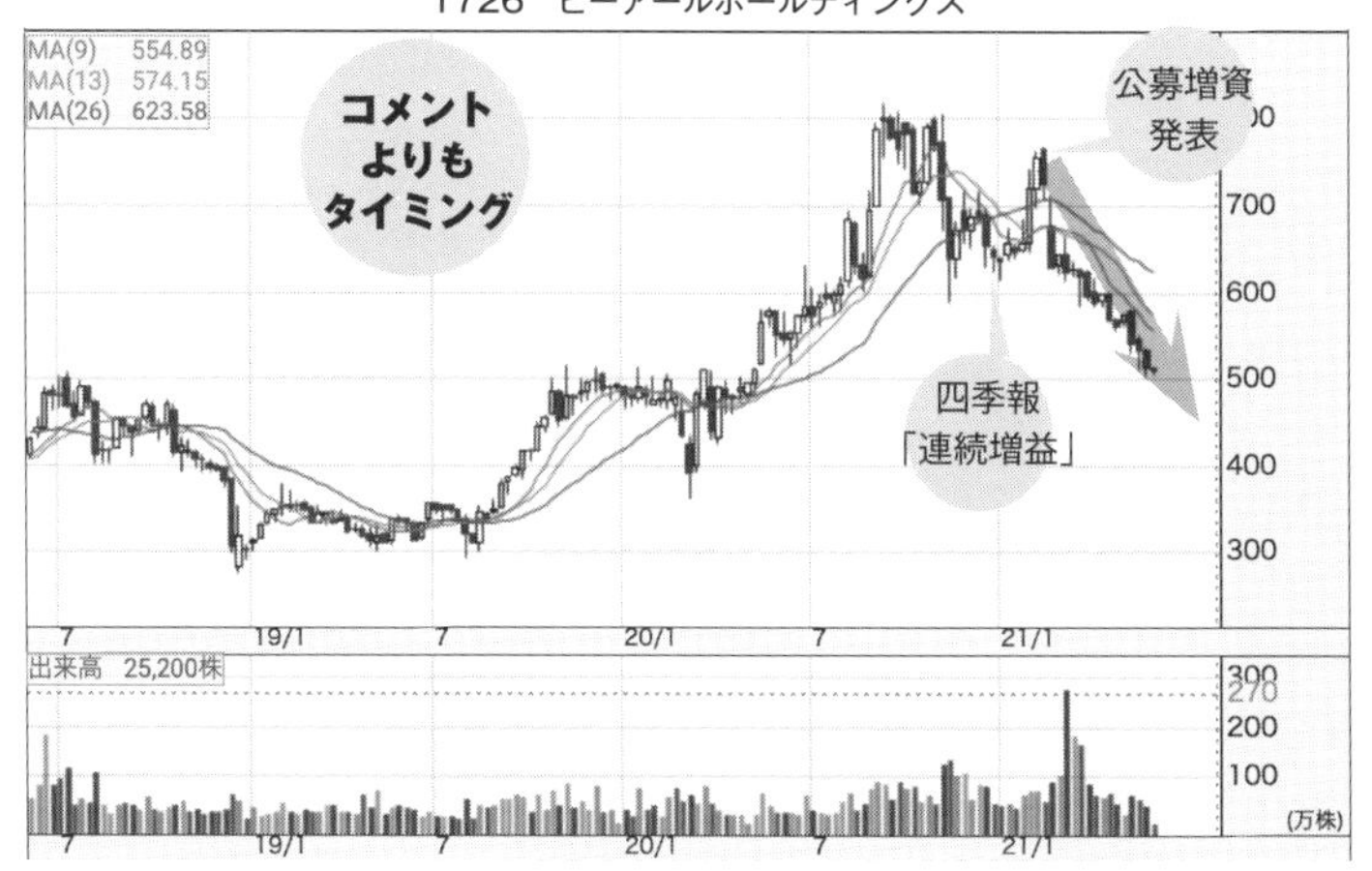

最悪のコメント銘柄は果たしてダメか

私がよく使うドトール（ドトール・日レスホールディングス＝３０８７）を見てみよう。新春号では【悪化】とあった。たしかに、そのように記者が書きたい気持ちはわかる。一時はコロナで客が少なかった。私も普段はドトールで仕事をするが、当時は避けた。しかし、二度目の緊急事態宣言の解除を受けて通常に戻った。関連のエクセルシオールもなかなか雰囲気が良くなった。

そして株価も右肩上がりに変わった。

すると四季報の春号ではコメントが【黒字化】になった。

しかしそれを待っていたかのようにコロナ感染者数が増え、三度目の緊急事態宣言が視野に入って株価は下落に転じ、２月時点の価格で下げ止まった。

「現場が一番」の良い例だ。四季報を待っていたら遅れる。

消防車国内最大手のモリタホールディングス（６４５５）は新春号【連続減益】という

良くない見出し。しかし、株価は最悪期を脱して、右肩上がり。次号では【反発】と題された。

「ハローキティ」のサンリオ（８１３６）のコメントは【赤字転落】である。テーマパークの休園がコロナで続いたのだから、仕方がないだろう。

しかし、感染者数減少で静かに株価は上げた。

悪い印象のコメント見出し。実はそこにチャンスがある。

悪い見出しと株価が必ずしも連動せず、「時間差」があるのだ。

株価のほうが現場を反映している。

ここに注意して見ないと、株価を正しく判断はできない。

3087 ドトール・日レスホールディングス

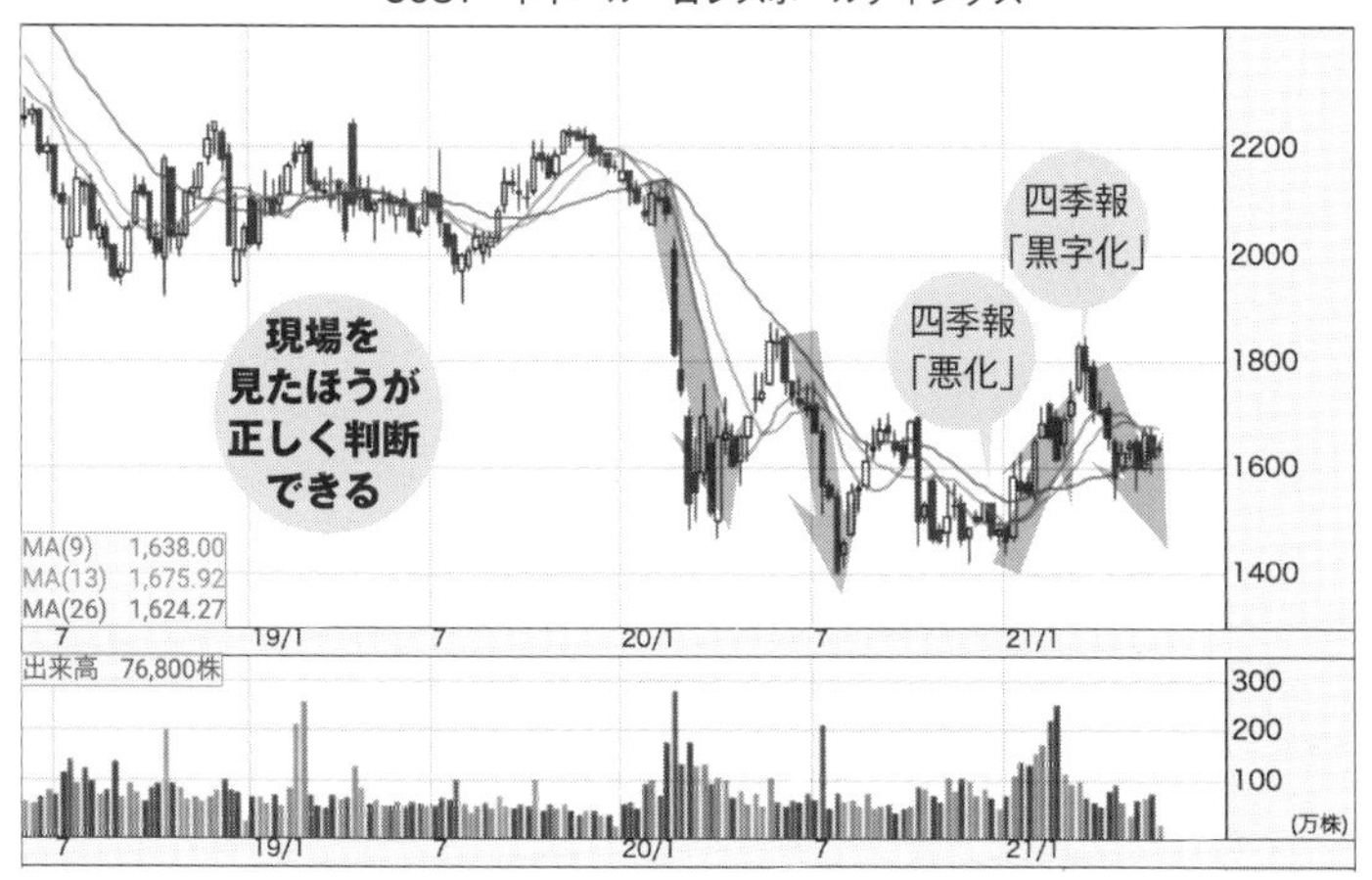

鬼100則 

中途半端な見出しではどうなっているか

コメントの見出しには「どちらともとれる」「中途半端」なものが結構ある。

家賃保証の会社のＣａｓａ（７１９６）。新春号には【足踏み】とある。配当は出しているものの、良くも悪くもない「足踏み」。株価も足踏みで投資魅力はない。春号にはあえなく【停滞】と出た。

ビッグエコー等のカラオケで有名な第一興商（７４５８）。新春号見出しは【配当維持】という「頑張っているが大変」という中途半端なもの。まあ、密室で大声を出して楽しむカラオケに真っ先に制限が入ったのだから仕方あるまい。

しかしどっこい、株価は上げ始めた。

ワクチンが普及して安心感が広まれば、中高年が間違いなく行くのは「カラオケ」。その先取りが始まっているようだ。

この本の最初に書いたように、株式投資のチャンスは「現場にある」。

書店で売っている、ネットに載っている、誰もがアクセスできるデータを穴が開くように見てもそんなにチャンスはない。

半導体関連の日本ピラー工業（６４９０）。あまり聞かない会社だが、半導体製造に関わる機器を作っている。見出しは【横ばい圏】だが、半導体の波に乗り、株価は右肩上がり。決して横ばいとは言えない。

もちろん、「中途半端な見出し」なりに、株価も中途半端で魅力なしの例はいくらでもある。

しかし、そこから「**意外性に気が付く**」というのも大切な四季報の活用法である。

7196 Casa

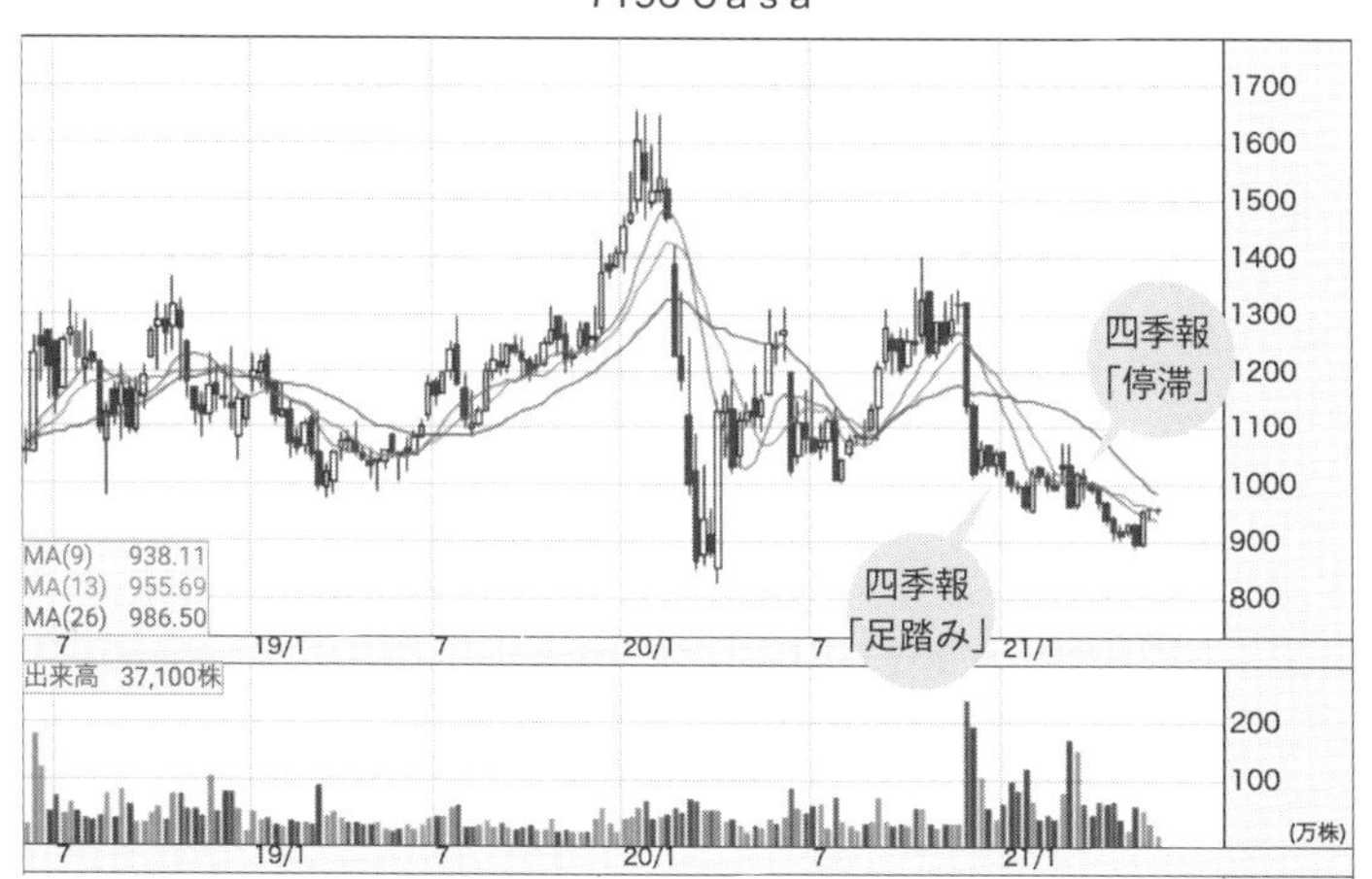

良くなりそうな「匂わし」見出しから得るのは

「匂わし」つまり、強いメッセージではなく、「少し良いかも」というような控えめなコメントや見出しもある。

ガンガン強気のコメントでは「既に買われてる」感が強いので、あまり旨味はなさそう。かといって、【大幅減益】等は怖くて近づけない。

それに比べて「良い兆し」という控えめな記載から「その先」の可能性を読み取るのも大切な四季報の活用法である。

例えば、【小幅反発】のコメントがあるアトラグループ（６０２９）は接骨院等の開業支援。大いに儲かりそうではないが、地道な感じがする。

チャートを見ると、なだらかに右肩上がり。

すごく良くもないが悪くもない。しかし、市場が評価している。

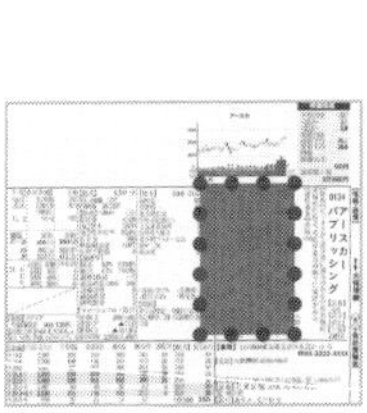

【上向く】との見出しは日宣（６５４３）という広告・販促の会社。地道だが、四季報の長期チャートと違い、日足では右肩上がり。地道な人向きと言える。

ジーンズのマックハウス（７６０３）という会社がある。コメントは【水面下】。コロナで店舗を急減させた。しかし、チャートは右肩上がり。追跡するのも悪くはない。

２０２０年のＩＰＯであるビザスク（４４９０）は【横ばい】というコメント。チャートも上げたり下げたりはあるが、右肩上がりとは言えない。

このように、「コメント」と株価が似ているものもある。

遊び心で読んでみて、投資の勘を養うのも方法の１つである。

7603 マックハウス

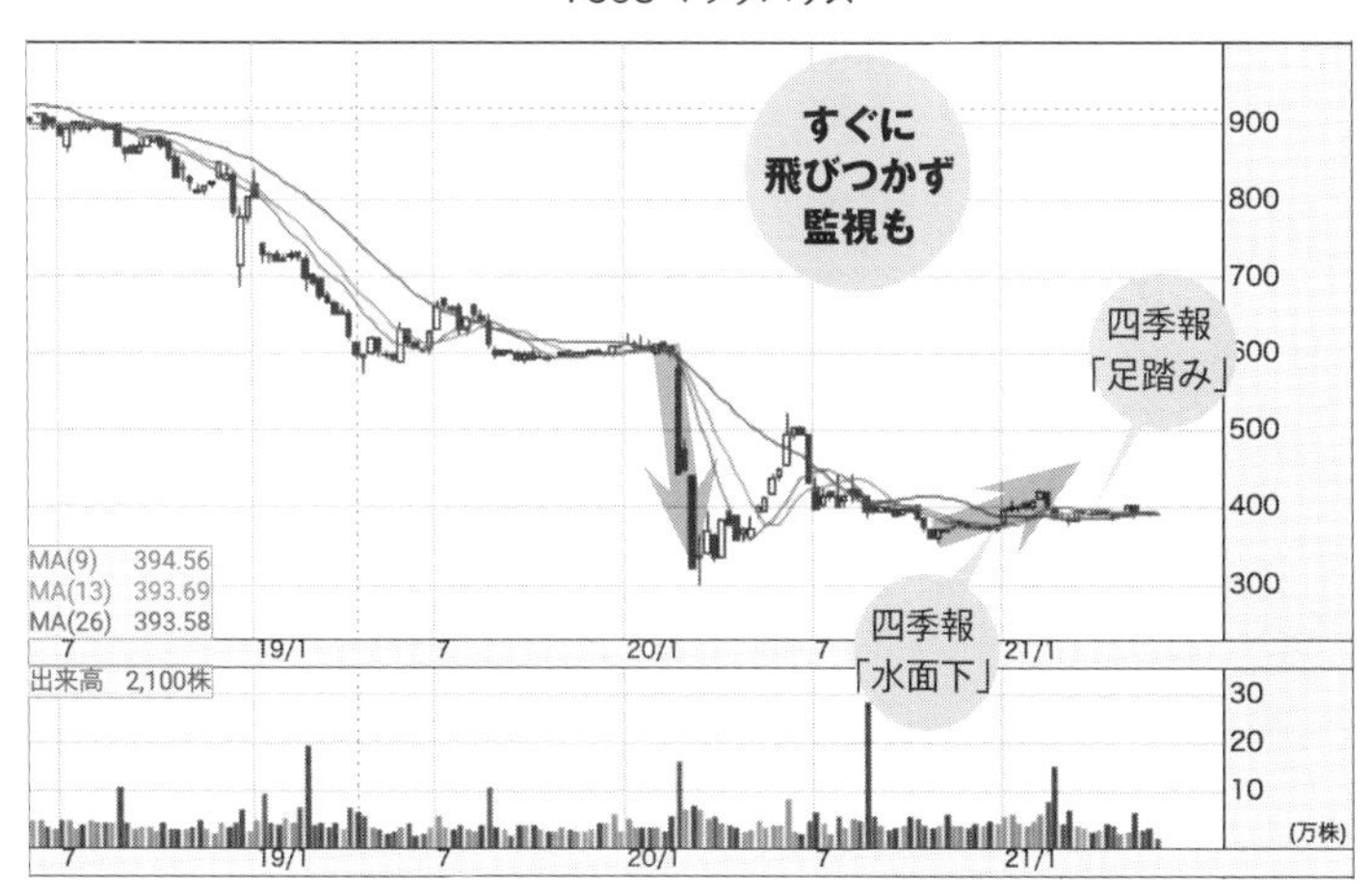

鬼100則 

前向きの「コメント」を探ると

【上振れ】というのは、ガンガンの強気ではないが、良くなっているというサインだ。

これに類するものはいくつかあるが、まずはいくつか挙げてみる。

バイオマス発電関連のタケエイ（2151）。全ての業績数値が少しずつ良くなっている。テーマ性もある。あまり、有名な会社ではないが。

チャートを見ると、上振れというような勢いはないが、押し目を作りながら、安定して右肩上がり。新春号で【上振れ】、春号で【続伸】といずれも前向きコメントがついた。

考えてもよさそうな環境関連の目立たない銘柄である。

【一転増益】のロック・フィールド（2910）はどうか。高級お惣菜が本業で百貨店は苦しいが、たしかに、来期は良くなりそうな数値である。三度目の緊急事態宣言で主力の百貨店の休業が決まり「そうだ」という不安で下げたが、休業が決まってからは一服している。

もっとも、コロナ等特定の理由で「今期は悪いが来期は良くなる」のが目に見えている銘柄は、いくらでもある。東日本大震災の時もそうだった。

その中で選ぶとすれば、「今すごく上がっている銘柄」ではなく、「**上げた時もあるが、たまたま、押している**」銘柄に入るのが良いだろう。

【**黒字化**】というコメントも、赤字から黒字になるという点では「変化率」が大きく、投資に対象としては好ましいといえる。

ただ、ここに挙げるゲーム関連株のケイブ（3760）は【黒字化】評価ではあったが、これまでの大赤字に比べ黒字の幅が少な過ぎ、借金の返済にもならない。余程のゲームの当たりがないと株価は吹かない。春号では「赤字残る」に変わってしまった。

このような細かいところも見ていきたい。

3760 ケイブ

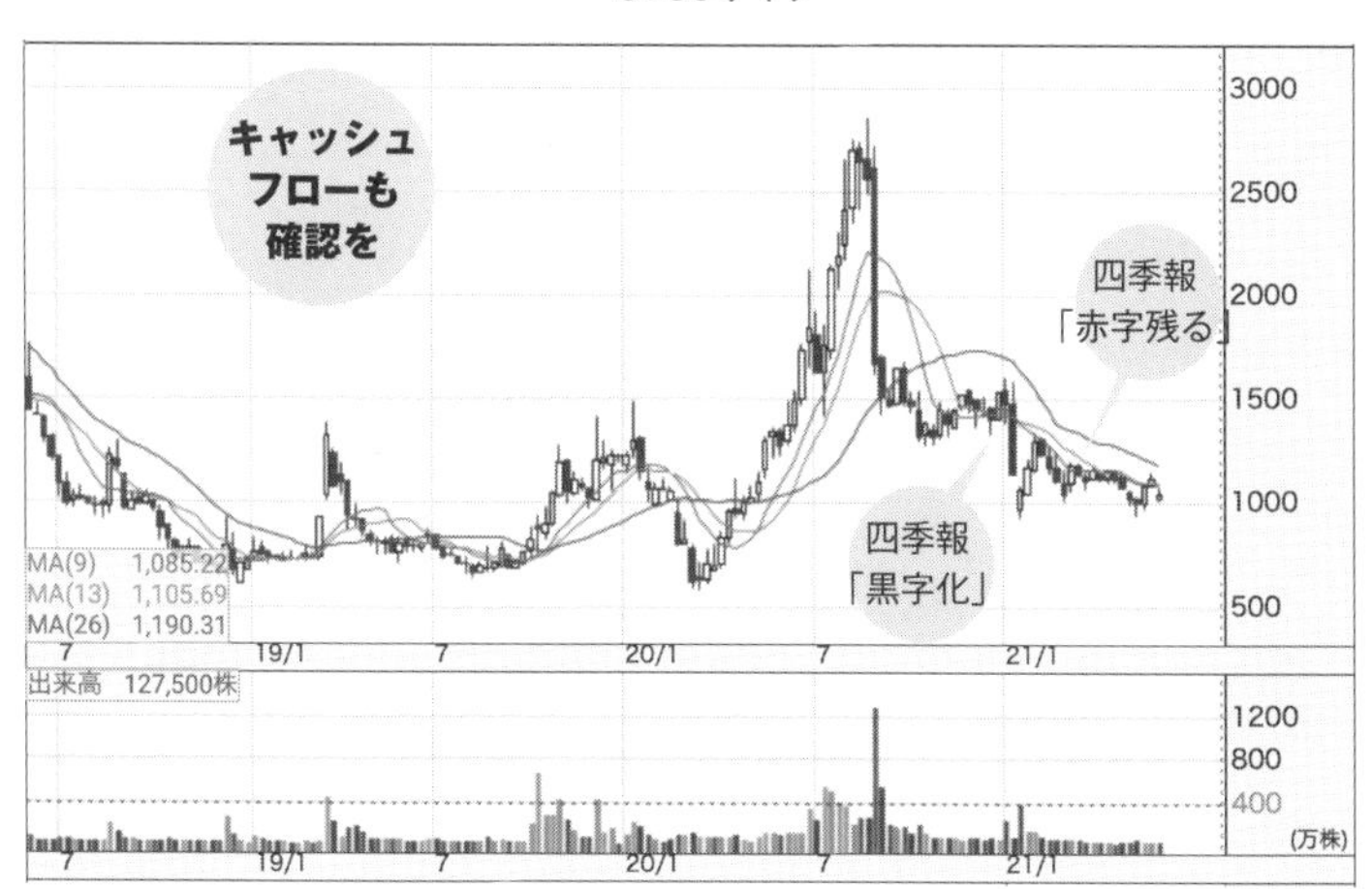

プラスイメージになる見出しは何か

【堅調】というのは良い響きである。

日本農薬（4997）は日本はもちろん、世界の食料の安定供給に寄与する。最新の情報でも業績が目立って良くなり、初春号で【堅調】、春号は【増益基調】。そしてチャートは上げ基調。こういう銘柄は追跡して、押し目を狙うと良い。

【連続最高益】というのは、この上ないコメントだが、あくまで「株価が急騰していなければ」、投資の対象にしたい。

その1つがアサヒホールディングス（5857）。ビールでもテレビでもなく、貴金属のリサイクルの会社。いわゆる都市鉱山関連である。

チャートを見ると、穏やかな右肩上がり。

急騰急落がないのは、投資の対象として良いことである。

【上向く】というのも魅力のコメントである。それが小糸製作所（７２７６）。自動車照明の首位だ。チャートは、きれいな右肩上がりをしている。安定的に利益を得たい人向きの株価であり、コメントである。

【増配】というのも、簡単にはできない。利益が出ても、内部留保して配当を出したくない、増配はしないのが普通の会社。「増配」の二文字に企業の株主に対する意気込みを感じる。

テレワーク時代に都市部の戸建てで急伸するオープンハウス（３２８８）もその１つである。銀行系の株主の発言権が強過ぎないか、チェックして臨もう。

4997 日本農薬

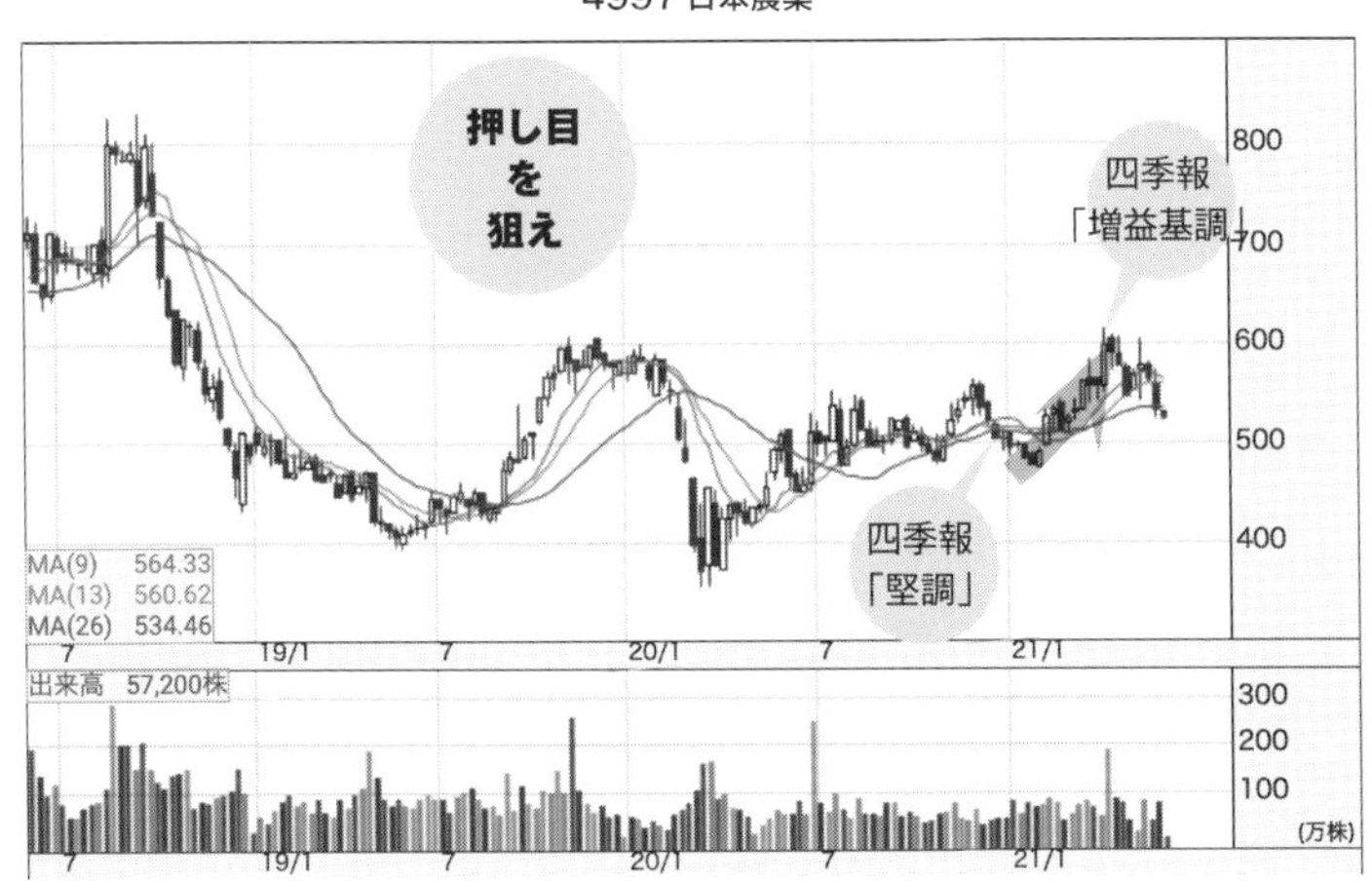

「株探」https://kabutan.jp

新規開拓、新規事業に注目だ

四季報のコメント欄を読む際に注目したいのは、【新規事業】【新商品】【新サービス】である。

企業は経営努力で、新しい収益源を期待して新規の事業を立ち上げる。その内容が時代に合っているか。可能性はどうか。業績アップに弾みがつくのか。それを見ておきたい。

新しい試みが、思わぬヒットになり、売上が伸びれば、株価は急騰に結び付くからである。

例えば、四季報の見出しを見ると、大阪ソーダ（４０４６）が【新商品】として欧州の環境規制に適合した製品を提供。

内装建材のセブン工業（７８９６）が収納棚兼ロフト昇降階段にもなる【新商品】を開発、21年度は拡販に入る。

テクノホライゾン（６６２９）がＤＸ支援で新ブランド、コーナン商事（７５１６）が新業態のキャンプ専門店、銀座山形屋（８２１５）が在宅勤務用にカジュアル・軽量で洗濯可能なオーダースーツ。

見出しに載っていなくても、本文中に「新商品」「新サービス」等がある銘柄を四季報オンラインで検索すれば、リストで何十件と出て来る。

四季報にはさまざまな新業態が見られる。中には、業績停滞で追い込まれた企業の窮余の一策もあるだろうが、総じてこれらは「宝の情報」であり、株価高騰の卵である。

よく読んで、閃いて、投資のきっかけにしたいところだ。

7896 セブン工業

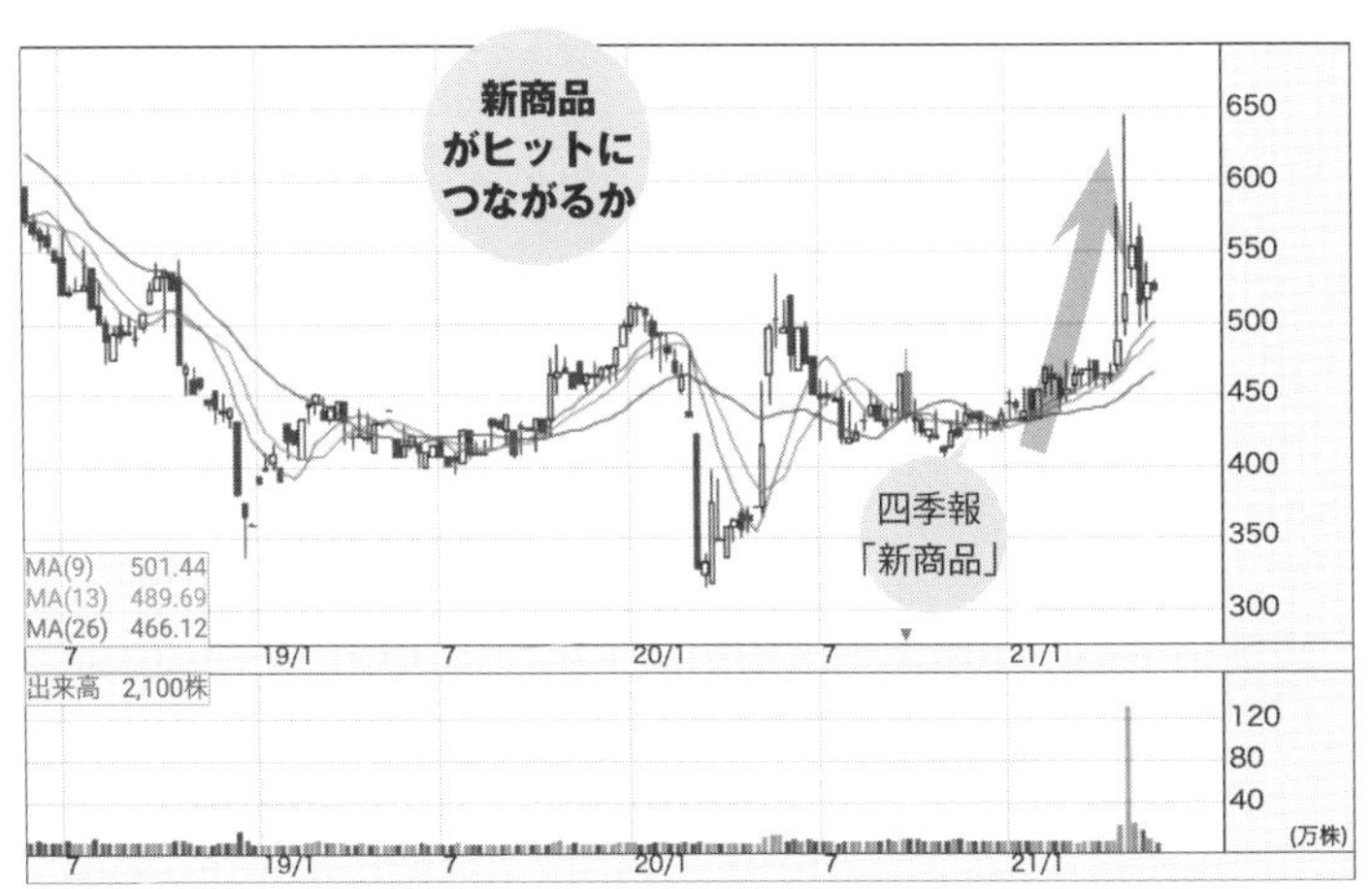

鬼100則 71

企業の変化を捉えよ

企業経営は常に進化し、未来を切り開く。

その道筋を見つけるのも、大切な四季報の読み方である。

ＪＴＯＷＥＲ（４４８５）は、総務省の5G早期拡大に向けて、通信設備共用化に力を入れる。

オンライン人材あっせんのランサーズ（４４８４）は、プログラミング学習で個人の支援に乗り出す。

クラウドファンディングのマクアケ（４４７９）は、テレビコマーシャルでバイヤー向けの商品紹介サービスに力を入れる。

マンガアプリのＡｍａｚｉａ（４４２４）は女性向けのマンガアプリの新規事業展開。

将棋ＡＩ開発から成長したＨＥＲＯＺ（４３８２）は法人向けのＡＩ構築が貢献、個人向けも。

それぞれの企業には「儲けのタネ」がある。

それがどれだけ、業績の伸長に貢献するのか、個々の業績の変化率を検証しながら見ていくことが大切である。

企業は常に「その先」を見据えながら、新しい手を打つ。強化する。

それが適切で、勢いのあるものであれば、ユーザー等から受け入れられ、販路が広がり、売上が伸びる。

つねに前を向いて、希望される事業を展開する。

その様相を四季報の情報で摑み取るのが、投資家の立場で有効なことである。

同じ媒体であっても、読んでいくスタンス、モチベーションにより、見えて来るものは違う。

10人いれば、10通りの四季報の読み方、受け入れ方、新しい発見があるものだ。

もちろん、その銘柄への興味が湧けば、四季報を置いて企業サイトを覗いてみたり、アプリを触ってみたりする「現場」寄りのアプローチも必須だ。

鬼100則

コメントと株価の乖離を飲み込む

コメントが「絶好調」なのに、株価がじり安というのは結構多い。

例えば、中外製薬（４５１９）は初春号で【絶好調】、春号で【最高益】のコメントが付いたが、その後に、株価は「下落」の一途。

日本の企業だが、親会社はスイスの「ロシュ」だ。しかも、浮動株はわずか１・８％。薬価改定のマイナスがあるのか。

株価は買いと売りがあり、買いが強くなければ上がらない。コメントと株価は必ずしも一致しないのだ。

【連続増配】【好調】の見出しがあるジャパンマテリアル（６０５５）も同じ動きだ。半導体関連の特殊ガスが仕事。キオクシアの新棟も請け負うトレンドの銘柄だが、株価は急落。難しい動きである。キオクシアの２００億円設備投資報道があり、底をつけたか。

株価の成立には、機関投資家や仕手筋等が絡んでいるので、材料があってもすんなりと上げないのが現状だ。

その辺をわきまえて、四季報のコメントがそのまま株価につながらないことを心得ておかないと、とんだ失敗をする。

前向きのコメント通りに株価が上がるものもあれば、それをきっかけに下がるものもある。

株価というのは、一筋縄ではいかない。

このことを理解し、記事を読む、情報を解読する姿勢がないと、マイナスを抱える可能性もある。単なる「読み方」の教科書を読破しても、プラスの方向につながらないのが株の世界だ。

用心し、心得ておきたい。

6055 ジャパンマテリアル

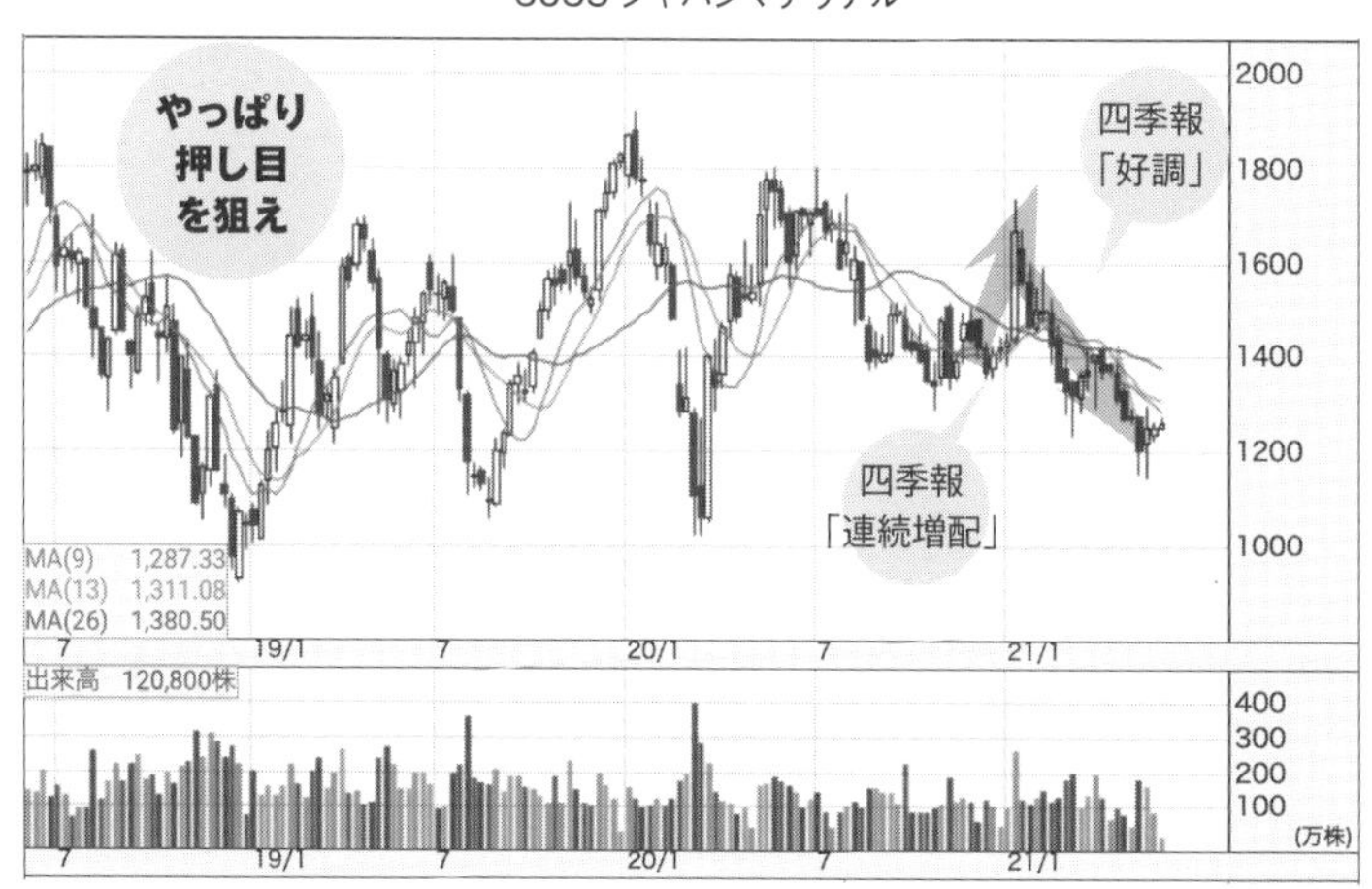

鬼100則 73

同業の環境には似た動きがある

企業を取り巻く環境は、同業では似ている。

よほどのことがない限り、「追い風」の業界の経営環境は良い。

例えば、新型コロナウイルスでトレンドになったテレワーク。

それを支える戸建て関連銘柄はどこも業績が良い。

威勢の良いオープンハウス（３２８８）は都心の狭小一戸建て。埼玉を拠点に北関東で活躍するケイアイスター不動産（３４６５）は郊外の一戸建てに強く、売上を目覚ましく伸ばしている。株価も右肩上がりである。

飯田グループホールディングス（３２９１）、イーグランド（３２９４）、東武住販（３２９７）は、業績絶好調ではないが、悪くはない。

マンション、一戸建ての環境が悪くない中で、業績が悪いのは、むしろ経営に問題があるとも言える。そこは、四季報でしっかりと見分けて、株価も確認し投資の参考にしたい。

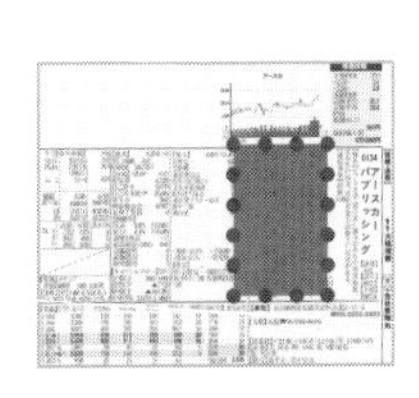

ただし、である。

三度目の緊急事態宣言が大阪や東京で出されたが、「ステイホーム」が連呼された一度目と異なり、連日「通勤電車は変わらない人出」という報道。

これはつまり、テレワークが思うほど日本企業では浸透していかない予兆ととることもできる。

あなたはどう予想するだろうか。

ＩＴであれ、情報であれ、化学、サービス、全ての業界にはトレンドがある。その中での「勝ち負け」は一律でない。人間がやる仕事なので、当たり前に揺れがあると認識したい。

環境が同じでも差が出るのは仕方がない。

株の世界でも同様だ。

関東の戸建て関連銘柄比較

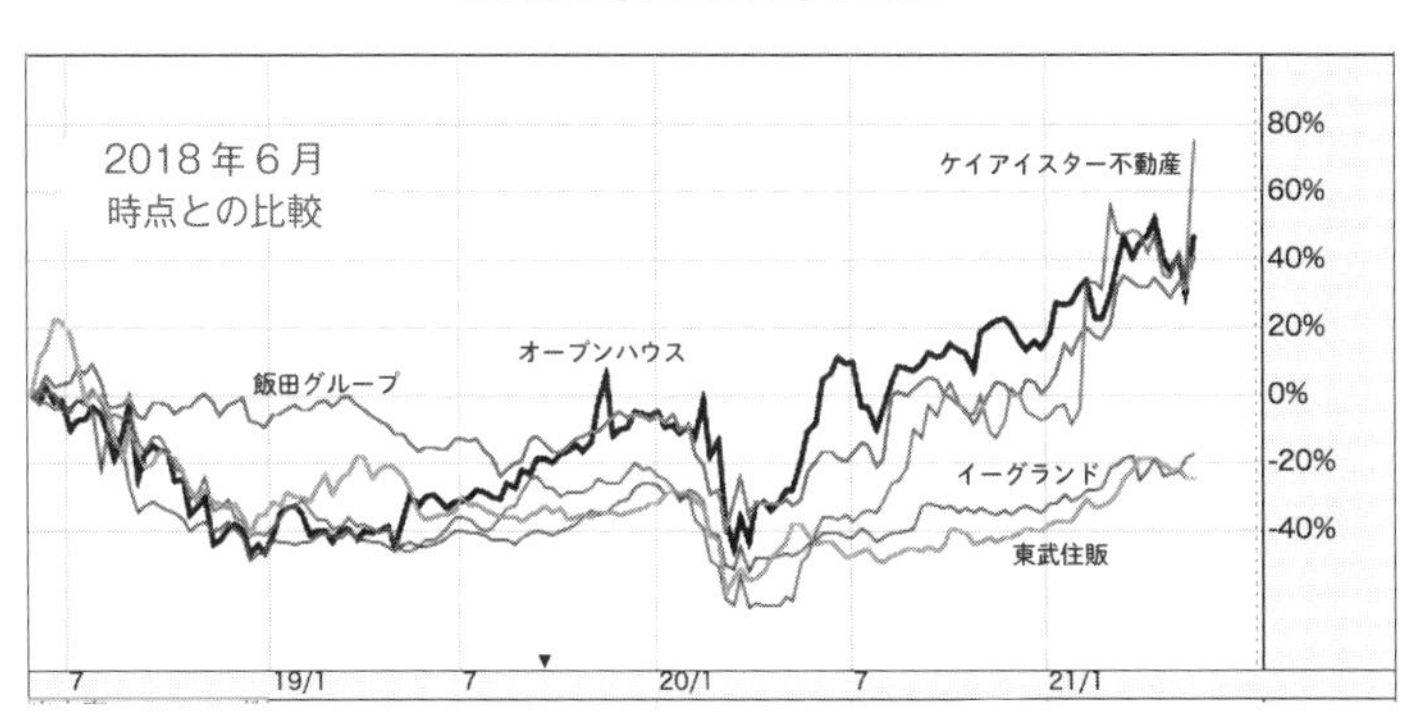

第8章

株価指標は無視できない

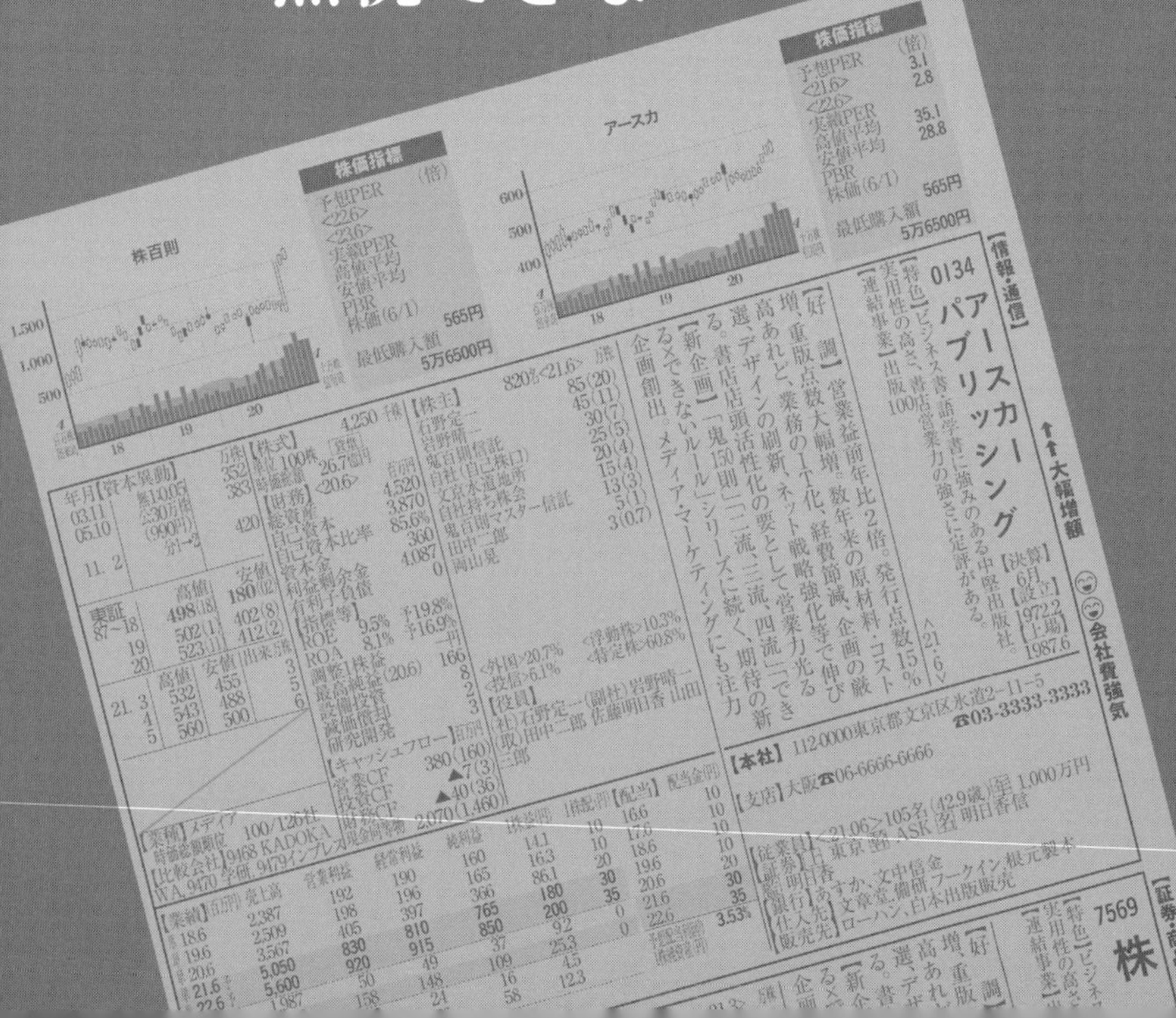

万物の根源は、数である。

ピタゴラス

数字は嘘つきではない。
嘘つきが数字を使う。

スティーヴン・ランズバーグ

鬼100則 74

「PER」で割安な〝お宝銘柄〟を探す

株価が現時点で「割高」か、「割安」かの指標にはPER（株価収益率）が使われる。

これは一株利益の何倍まで買われているかを示す数値である。

10倍以下は「明らかに割安」と見られる。

トヨタの2022年の業績予想から見ると7000円くらいの株価の「予想PER」は10倍以下で「割安」となるので、長期であれば「買い安心」と言える。

基本的にその見方は間違ってはいない。ファンド等はこの数値を投資の尺度にするのは間違いないからだ。

しかし、全ての「割安銘柄」で上値があるかと言えば、そうではない。

「万年不人気銘柄」があるからだ。

そのような不人気銘柄を買って待っていても、報われるとは限らない。

PERは1桁で、かつ取引が閑散としていない銘柄を見つけよう。

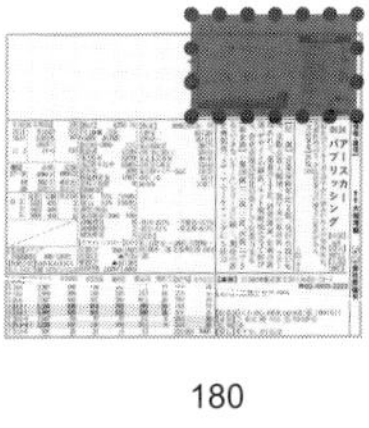

逆にＰＥＲ１００倍とか、１０００倍の銘柄もある。

これは「超人気銘柄」「未来志向銘柄」と言える。取り組んでいる仕事が「未来志向」「夢がある」となれば、「夢の先食い」が起きて、株価が急騰する。

これも株価の１つの傾向である。

「おかしい」という見方もあるが、株価を形成する需給がそうさせているので、文句や不満を言っても、どうなるものでもない。

「相場は相場に聞け」。

これが正しいとしか言えないのである。

そのことを飲み込んで、「ＰＥＲ」「予想ＰＥＲ」の数値は理解するしかない。

PERは1桁が割安の目安

$$\text{PER（株価収益率）} = \frac{\text{株価}}{\text{1株当たり当期利益}}$$

株価指標	
予想PER	（倍）
<21.6>	3.1
<22.6>	2.8
実績PER	
高値平均	35.1
安値平均	28.8
PBR	
株価(6/1)	565円
最低購入額	5万6500円

割安で、かつ売買代金が相当数ある銘柄を

※株価が日々変わるので、ＰＥＲの数値も変化する。この【指標】は紙の四季報でなくてリアルタイムのデータで確認しよう。

「PBR」で上がり過ぎていないか見る

PBRは、「**純資産倍率**」を英語で表した際の頭文字から来ている。

「1倍」なら会社の「解散価値」と等価である、つまりもし今、会社が解散したら残るお金の額とほぼ同じということだ。

「2倍」は、人気があるので、解散価値の2倍に買われている。5倍は、「超人気」の証である。

なぜ、そこまで買われるのか。

それはPERと同じ仕組みで、「解散価値が化ける」ことへの期待からだ。

そのために、PBRが0・5などという**1以下の銘柄は、解散価値の半分にしか株価が届いていないので、「割安」**と見る。

その視点は正しいが、株価は需給で動くので、数字だけでは判断できないのが現実である。

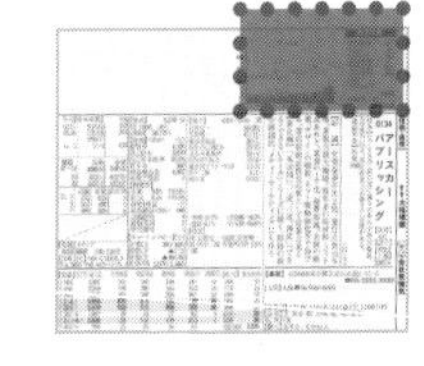

万年、割安で放置される銘柄はいくらでもある。

ＰＢＲが低いからと言って、飛びついても成功は約束されない。

「今はこの価値しかないが、このまま良好な経営を続け、売上を伸ばしていけば、このくらいの価値にはなるはずだ」という評価をもとに株価は上がっていく。

その期待が「ＰＢＲが割高になる」要因である。

だから、**人気銘柄のＰＢＲは総じて割高**に買われる傾向がある。それが自然の流れである。

逆に、古色蒼然たる銘柄には、将来への期待が少なく、投資資金も集まらないので「０・２８」「０・７倍」というような数値に放置される傾向がある。

これを前提に四季報の数値を見ないと、株価との乖離ばかりが目立ち、良いことはない。

小型の人気の銘柄が「40倍」「60倍」等、とんでもない数値に買われ、大型の重厚な銘柄が１倍付近に放置されるという傾向がある。

人気銘柄に資金を投じる際には、40分の１や60分の１しか実体のない、茫洋としたものに投資していることを承知しておきたい。

長期目線での月足で傾向を掴む

四季報のチャート欄は、悲しいほどに小さい。

情報がまとめられた欄外に、長期の株価の動きである「月足チャート」がこぢんまりと掲載されている。

ただし、その大きさでもローソク足と移動平均線、売買出来高が一目でわかる。

そもそもローソク足のチャートは、短いものから、1分足、3分足、5分足、15分足等デイトレで使う短期のものに始まり、日足、週足、月足、年足というように、次第に長い足となる。

デイトレやスイングトレード（2・3日から1・2週間等）のトレードでは、通常、日足を参考にしながら、その日の相場である5分足を見て売買タイミングを判断する。

しかし、目先の取引でも、株価の方向はその会社の業績、勢いを見たほうがより的確な判断ができるので、週足、月足、年足等も参考にする。

四季報ではその中でも月足を掲載し、その会社の**株価の長期のトレンドがわかる**ようにしているのだ。

業績の変化をチェックしながら、株価の方向を合わせて見ることで、企業の進んでいく方向が読める。

ただ、株価というのは、必ずしも、業績に連動しているわけではない。

将来の材料、需給動向、信用倍率等にも左右されるので、実際の取引では、ずっと短期のチャートをリアルタイムで見ることで確度を上げるのだ。

6857 アドバンテスト

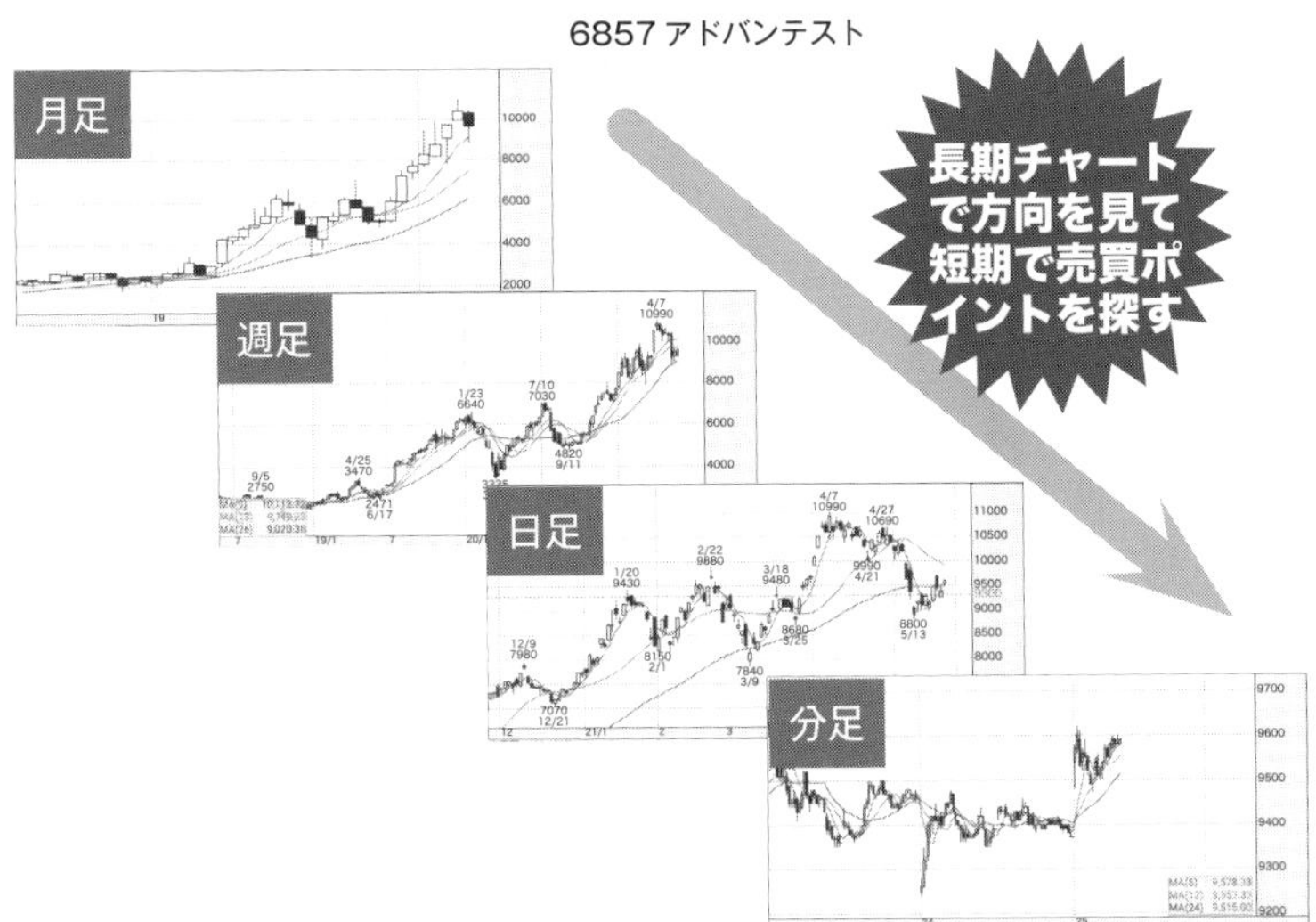
月足
週足
日足
分足
長期チャートで方向を見て短期で売買ポイントを探す

最低の売買に要する金額を見る

四季報には、その銘柄を最小の単位である「１００株」買うにはいくらの資金が必要か、最低の購入金額が記載されている。

単純に、株価に１００を乗ずればよいだけの計算に貴重な1枠を使うのはもったいなく思われるが、以前は1回に買える株の単位（単元株）がバラバラだったことの名残だ。

２０１８年に１００株に統一され、それまで１０００株単位だった銘柄にも、個人投資家の手が届くようになった。

ただ、時代を反映した人気の銘柄は、人気ゆえに株価が高くなっているので、「人気銘柄での勝負」には、今も１００万円、２００万円、５００万円それ以上の資金が必要になる。

そして投資家の資金余力により、ターゲットになる投資金額が違う。

小資金からの投資を考えるのであれば、5万円からでも株式投資は可能である（2桁以下の超低位株での投資はおすすめしない）。

投資経験の浅い人は、少ない資金で「腕を磨き」、次第に投資金額を増やしていくのが賢明である。

その意味で、投資金額別に自分が買いたい銘柄とその金額を四季報で概ね選択しておき、業績の変動等を見ながら、実際の投資に挑むことが良いだろう。

少ない金額では「株価の変動が小さい」ということはない。

基本は時価総額、資本金、浮動株比率、売買出来高により変動幅が変わるので、少ない資金でも高い投資効率を上げることは可能である。

その目安を判断するのに、四季報の最低購入金額は参考になるのだ。

ある日の購入額上位ランキング

順位	コード	社名	株価	最低購入額
1	9983	ファーストリテイリング	85,950	859万5000円
2	6273	ＳＭＣ	63,380	633万8000円
3	7974	任天堂	62,800	628万円
4	6861	キーエンス	52,940	529万4000円
5	8035	東京エレクトロン	45,940	459万4000円

ある日の購入金額下位ランキング

順位	コード	社名	株価	最低購入額
1	9318	アジア開発キャピタル	7	700円
2	6628	オンキヨーホームエンターテイメント	8	800円
3	8918	ランド	12	1,200円
4	3777	ＦＨＴホールディングス	17	1,700円
5	6731	ピクセラ	24	2,400円

鬼100則 78

長期での「最高値」「最安値」を見ておこう

銘柄により株価の水準はさまざまである。業界、人気度等により株価が決まる。

しかし、それぞれの会社の株価には一定の癖や傾向がある。

株式投資では、この「傾向」を摑むことが大切である。

ある銘柄に投資する時に、多くの投資家はその銘柄の過去の「高値、安値」を検証する。

高値はどこまであったのか。安値は。

そうした「経験値」を押さえておくのが一般的なのだ。

そのため、**業績が絶好調に近づくと過去の高値が視野に入り、「売り時か」と身構える。**

逆に、**売られた時は「過去の安値」が1つの目安**になる。

この「経験値重視」の投資家の目線を知っておくことが、先行き不透明な株価の「水先案内」の役目を果たす。

株式投資で、毎回必ず成果を出せるわけではないが、その銘柄の株価変動の癖を摑んでおくと確率良くトレードできるのだ。

こうした過去データは四季報誌面では枠外上部の〔株価〕欄で見ることができる。前年（年後半の発行だったら今年）の「最高値」「最安値」だけでなく、前々年と、それ以前の3段構えで載せている。

ただ、四季報には過去の高値、安値のデータは当時の価格で掲載されている。【資本異動】のスペースに「株式分割」の記事がある場合、それを元に補正しないと現在の株価との比較はできないので注意が必要である。

また売買出来高は、銘柄に対する投資家の人気度を示すバロメーターだ。

出来高が増えて来たということは、皆が注目して、その銘柄に魅力や可能性を感じている証拠であり、出来高が増えるのは「高値を追う」重要な条件である。

今、注目している銘柄が、過去の出来高に比べて、どの位置にあるのか。これを検証することが大切だ。

相当な出来高になって来た時は、株価の水準にもよるが、そろそろ高値付近かもしれないと警戒し、利益確定を考えなければならない。

第9章

コード番号から入る会社のデータの見方

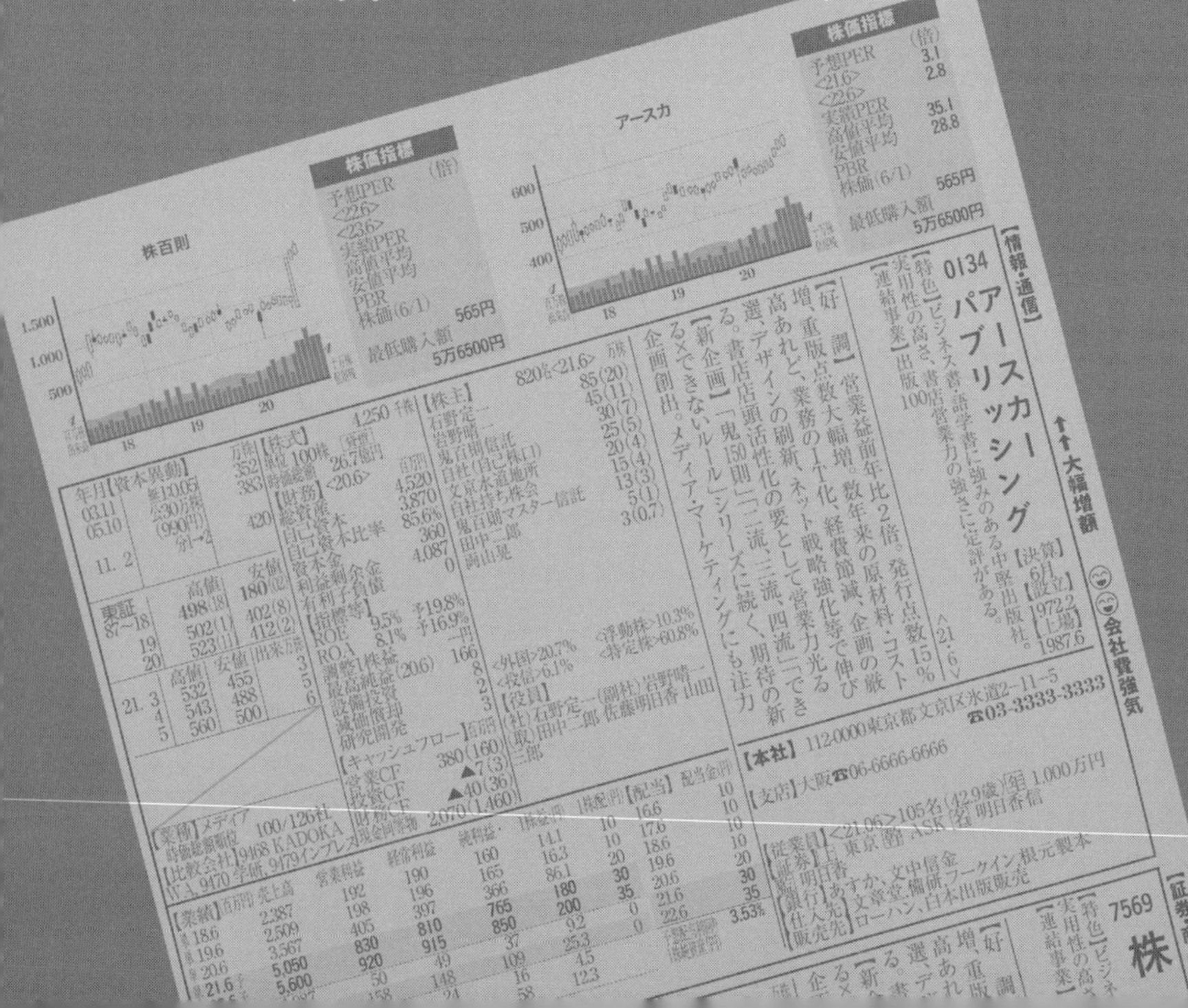

彼を知り己を知れば百戦殆からず。

孫武

買うのは企業であって、株ではない。

ウォーレン・バフェット

鬼100則 

まずは「コード番号」から入ろう

四季報を開くと真っ先に出て来るのが、会社の名称、コード番号である。

これは1社に1個与えられた個人番号。唯一無二。

極めて重要なデータである。

会社の愛称そのものと言ってもよい。

好きな会社のコード番号はすぐに覚えられるだろう。

その後も、トレードのたびにパソコンやスマホに打ち込むので、見慣れた番号になる。

似たような番号、お隣の番号には、類似の企業があり、時には、番号違いの銘柄に投資することもある。

実際の市場でも、株価が動き出すと、似たような番号が動き出す。

例えば、「４４８０」は医療のサイトのメドレー。その１つ前は「クラウドファンディング」

のマクアケ。さらに、3つ前はECプラットフォームで人気のBASEだ。

このように人気の銘柄群のコード番号は「お隣さん」であることが多い。

自動車、機械、食品、化学、銀行、証券。皆が、似たようなコード番号で続いている。

「今、人気の番号はどの辺か」を掴むことも大切である。

株価の人気や出来高はグループで動きやすい傾向がある。

それを心得て、四季報のデータを検索し、把握しておきたい。

証券コードと主な業種

コード	業種	コード	業種	コード	業種
1300	水産・農業	4200	化学、情報・通信	7100	銀行、保険、証券・商品先物
1400	建設	4300	情報・通信、サービス	7200	輸送用機器
1500	鉱業	4400	情報・通信、化学	7300	銀行、保険、証券・商品先物、サービス
1600	鉱業	4500	医薬品	7400	卸売業、小売業
1700	建設	4600	化学、情報・通信、サービス	7500	卸売業、小売業
1800	建設	4700	情報・通信、サービス	7600	卸売業、小売業
1900	建設	4800	情報・通信、サービス	7700	精密機器・電気機器
2000	食料品	4900	化学	7800	その他製品
2100	サービス	5000	石油・石油製品	7900	化学、その他製品
2200	食料品	5100	ゴム製品	8000	卸売業、小売業
2300	サービス、情報・通信	5200	ガラス・土石製品	8100	卸売業、小売業
2400	サービス	5300	ガラス・土石製品	8200	卸売業、小売業
2500	食料品	5400	鉄鋼	8300	銀行
2600	小売業	5500	鉄鋼	8400	銀行、その他金融
2700	小売業	5600	鉄鋼	8500	銀行、その他金融
2800	食料品	5700	非鉄金属	8600	証券・商品先物
2900	食料品、不動産	5800	非鉄金属	8700	証券・商品先物、その他金融
3000	小売業、卸売業	5900	金属製品	8800	不動産
3100	繊維製品、小売業、卸売業	6000	機械、サービス	8900	不動産
3200	繊維製品、小売業、不動産	6100	機械、サービス	9000	陸運
3300	繊維製品、小売業、卸売業	6200	機械	9100	陸運、海運
3400	繊維製品、小売業、金属製品、不動産	6300	機械	9200	空運、卸売業、小売業
3500	繊維製品、小売業、卸売業	6400	機械	9300	倉庫・運輸
3600	繊維製品、小売業、卸売業、情報・通信	6500	機械、サービス	9400	情報・通信
3700	情報・通信	6600	電気機器	9500	電気・ガス
3800	情報・通信、パルプ・紙	6700	電気機器	9600	サービス、情報・通信
3900	情報・通信、パルプ・紙	6800	電気機器	9700	サービス、情報・通信
4000	化学	6900	電気機器	9800	卸売業、小売業
4100	化学、情報・通信	7000	サービス、輸送用機器	9900	卸売業、小売業

「決算月」は重要なデータだ

会社の名称の下にある「決算」は、会社の決算月がいつかを表している。

現在は「本決算」のほかに、四半期ごとの決算が義務づけられているので、本決算の時期を基本として、四半期の決算数値が話題になる。

株価も動く。

なので、決算数字が発表される時期、内容にはことのほか、注意したい。

決算前には株価が動き出しやすく、特に、決算発表前に、なぜか動き出すことが多い。

企業の中には、決算の数値を外部に漏らす人がいるのか、全てではないが、前もって株価が動き出すことがある。

気になる監視銘柄に関しては、決算時期に注意して、株価の動きを見張るのは賢明なことである。

多くの企業は3月決算で、**決算発表はゴールデンウィークの翌週にピーク**を迎える。

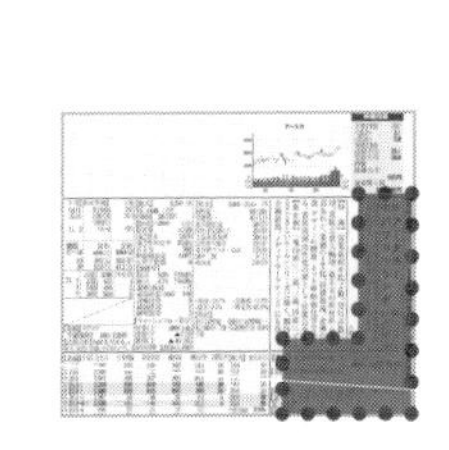

また、決算月が３月ではない企業もあるので、注目の会社の決算発表の時期には十分に注意しておくことが、売買で成功する方法の１つである。

決算にからんでよく言われるのが、「決算またぎ」に対する注意である。

株価は企業の業績動向、予想を先食いして動く傾向がある。

好決算がささやかれると、買いが集まり、株価は上昇する傾向がある。

しかし、決算発表で出て来た数値が月並みだと急落する。

これに用心である。

逆に意外な好決算銘柄では、ストップ高もある。

決算発表は株価も大きく動かすのだ。

4595 ミズホメディー　日足

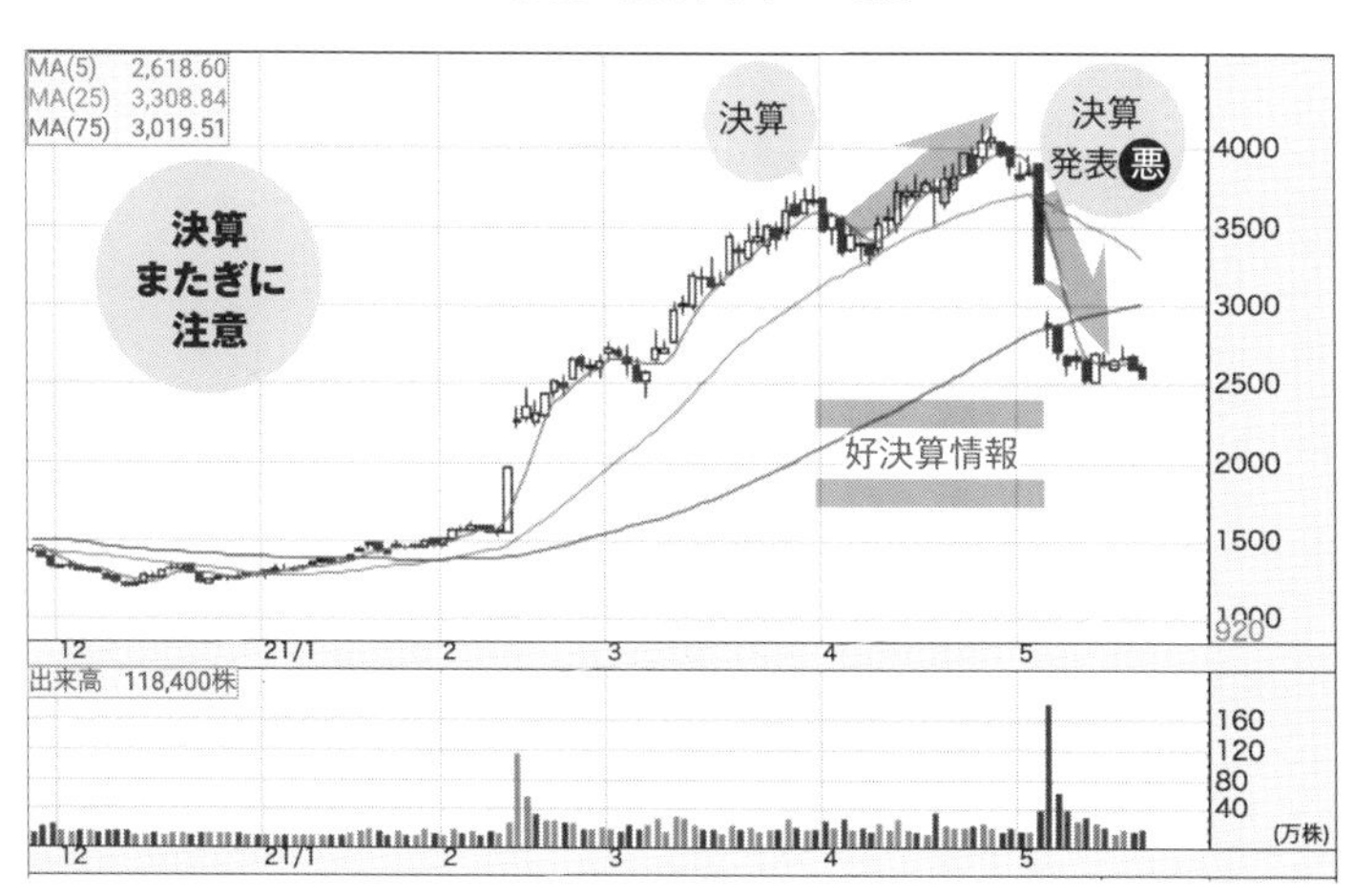

「株探」https://kabutan.jp

【特色】の2行から読み取る会社の全て

ニュースで、とある銘柄が出て来た時に、「どんな会社か」と調べる際には、手元の四季報をすぐ開くことになる。

もちろん、使っている証券会社の各銘柄ページで事業の内容も読めるが、もともと四季報が情報源の会社がほとんどだ。

四季報で助かるのは、銘柄の脇にわずか2行で「どのような会社か」ということが、単純明快に書かれていることだ。

何しろ、毎年、新しい会社が上場する。既に上場している会社も、この本を書いている時点で3863社ある。

内訳は、東証一部2193社、二部471社、マザーズ345社、ジャスダック703社。

コロナ禍に見舞われた2020年度だったが、過去最大の93社が上場した。

今後も、新規上場でマザーズ、ジャスダックにはどんどん上場されることだろう（いき

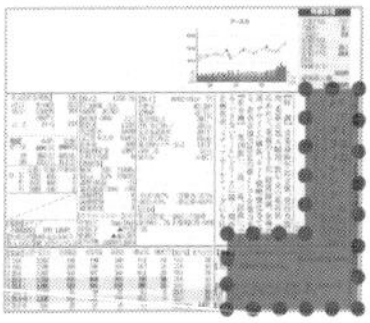

なり一部、二部に上場するＩＰＯもある）。

毎月十社以上ある計算になる上、カタカナの社名が多いので、売買していない銘柄については四季報で初めて詳細にお目にかかることが多い。

というわけで、網羅的に会社の内容やそのデータを読むには、やはりリアルの四季報を目の前に置くのが一番良いのだ。

大切なのは、義務的に読むのではなく、小説のように、その会社の姿を思い浮かべ、イメージして読み進むことだ。

【情報・通信】　↑↑大幅増額　😄😄会

0134 アースカー パブリッシング

【決算】6月【設立】1972.2【上場】1987.6

【特色】ビジネス書・語学書に強みのある中堅出版社。実用性の高さ、書店営業力の強さに定評がある。

【連結事業】出版100 ＜21・6＞

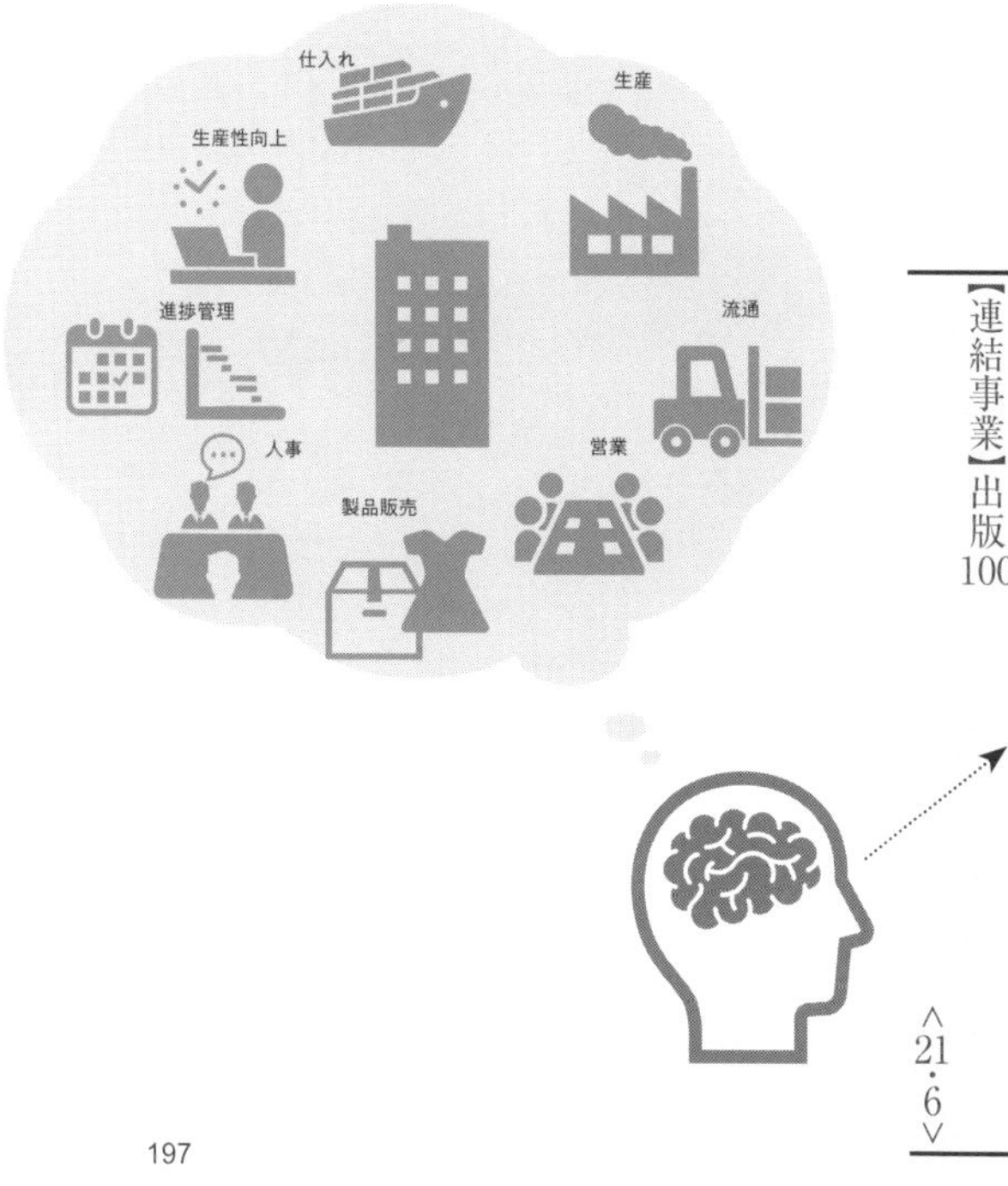

鬼100則 82

新しいビジネスは関連会社のコードがバラバラ

株式投資は「確率」の勝負である。

安く仕込んで、高くなったら売る。これが基本だ。

しかし、全ての銘柄に網を張るのは「プロ」でもない限り、無理な話である。

そこで、有利に売買するために、「好きな銘柄」「好きな業種」「詳しい業界」等に、絞ることが大切である。

例えば、ゲームが好きな人は、どのゲームに人気があるのか。ダウンロードや課金が多いのはどこかという視点から入れば株価の動きを追いやすい。

ただ、ゲームの関連銘柄のコードは、任天堂は７９７４でミクシィが２１２１、ＫＬａｂが３６５６というようにばらけている。

これは東証が空いているコード番号を新規の上場銘柄に割り当てているため、という理由もあるが、経営の内容が多角経営で変わり、東証で登録した際の「業種」と主力の事業が違うものになった、というのもある。

例えば森下仁丹（４５２４）は仁丹の会社だが、最近は健康食品が大きなウエートを占めている。

カシオ計算機（６９５２）は電卓が主な事業だったが、今は時計のメーカーである。

駒井ハルテック（５９１５）は鉄骨、橋梁の大手だが、風力発電に重きを置き始めている。

このように、「特色」の変貌はそのまま、株価変動や成長の要因にもなる。

ゲーム関連銘柄でもこれだけコードがバラバラ

コード	銘柄	コード	銘柄	コード	銘柄
2121	ミクシィ	3676	デジタルハーツHD	4334	ユークス
2138	クルーズ	3686	ディー・エル・イー	4382	ＨＥＲＯＺ
2351	ＡＳＪ	3689	イグニス	4393	バンクオブイノベ
2432	ディー・エヌ・エー	3698	ＣＲＩミドルウェア	4644	イマジニア
2489	アドウェイズ	3723	日本ファルコム	4728	トーセ
2497	ユナイテッド	3727	アプリックス	4751	サイバーエージェント
2656	ベクター	3739	コムシード	4777	ガーラ
2681	ゲオホールディング	3758	アエリア	4829	日本エンタープライ
2706	ブロッコリー	3760	ケイブ	6033	エクストリーム
2715	エレマテック	3765	ガンホーオンライン	6038	イード
2743	ピクセルカンパニー	3793	ドリコム	6047	Ｇｕｎｏｓｙ
3020	アプライド	3810	サイバーステップ	6050	イー・ガーディアン
3071	ストリーム	3815	メディア工房	6460	セガサミーＨＬＤ
3624	アクセルマーク	3845	Ｉフリークモバイル	6552	ＧａｍｅＷｉｔｈ
3632	グリー	3851	日本一ソフトウェア	6758	ソニーグループ
3635	コーエーテクモＨＤ	3903	ｇｕｍｉ	6875	メガチップス
3639	ボルテージ	3904	カヤック	7359	東京通信
3652	Ｄメディアプロ	3907	シリコンスタジオ	7803	ブシロード
3656	ＫＬａｂ	3911	Ａｉｍｉｎｇ	7832	バンダイナムコＨＤ
3657	ポールトゥウィンＨ	3912	モバイルファクトリー	7844	マーベラス
3659	ネクソン	3928	マイネット	7867	タカラトミー
3662	エイチーム	3932	アカツキ	7974	任天堂
3664	モブキャストＨＬＤ	3935	エディア	9421	エヌジェイＨＬＤ
3667	ｅｎｉｓｈ	3981	ビーグリー	9684	スクウェアエニクＨ
3668	コロプラ	4174	アピリッツ	9697	カプコン
3672	オルトプラス	4175	ｃｏｌｙ	9766	コナミＨＬＤ

鬼100則 

本社はどこにあるのか

上場企業の本社がどこにあるのか。

「別に関係ない。どこでもいい」というわけにはいかない。

なぜならば、その会社の「立ち位置」を表しているからだ。

大半の企業は東京や大阪に本社を置くが、ハイテクの個性的な企業の中には地方に本社・拠点を置くものもある。

長野県上田市に拠点を置き、岐阜、京都にも進出を狙うのはシーティーエス（４３４５）という建設ＩＣＴの専門会社。

建設ＩＣＴってなんだ?と言うと、建設土木業界でも「情報通信技術」を有効利用して生産性を上げようというもの。ドローンで３Ｄ測量をしたり、３Ｄデータから設定したり、施工管理もプログラミングしたりと、この業界も、10年前からガラリと変わっている。先端のビジネスを東京という大都市ではなく、地方から発信する企業だ。

感知・制御技術のオムロン（６６４５）は京都から国内へ、中国へと半導体向け等の制御機器や電子部品を提供する。

セイヒョー（２８７２）は新潟市の製氷業から始まり、今も新潟を拠点に、自社商品だけでなく森永乳業向けのＯＥＭアイスクリームを提供する。

アズマハウス（３２９３）は、和歌山の地盤から大阪エリアへと住宅の販売を目指す。

地方に本社があるのは、地盤を生かして盤石な経営を武器に、人材は地元で確保するビジネスモデル。

地方の時代に飛躍の可能性がある。成長銘柄を探していきたい。

順位	都道府県	上場企業数	順位	都道府県	上場企業数
1	東京都	2,034	11	北海道	48
2	大阪府	434	12	広島県	45
3	愛知県	220	13	新潟県	36
4	神奈川県	181	14	長野県	32
5	兵庫県	105	15	岐阜県	29
6	福岡県	83	16	石川県	27
7	埼玉県	65	17	富山県	23
7	京都府	65	18	群馬県	21
9	静岡県	51	19	宮城県	20
10	千葉県	49	19	三重県	20

鬼100則 84

従業員の数から見えて来るもの

日本を代表する大企業は従業員何万人という規模。トヨタ自動車は、連結で37万人にも達する。ＮＴＴや日立製作所も30万人を超える。

「従業員」で掲出されているのは国内・海外の子会社を含めた正社員のこと。日本の正社員で言うと、トヨタ自動車で７万４０００人超となる。ただし、非正規雇用の社員が含まれていないので、工場の現場がある重厚長大企業や人手が必要となるサービス業では、記載された従業員数よりも多い数の非正規雇用社員が、その企業で働いていることは容易に予想できるだろう。

それに比べて、新興の銘柄や小型株は50人とか90人というような少人数で経営を行っている。

スマホ向けのコンテンツを提供する日本エンタープライズ（４８２９）は、わずか54人（２０２１年春号）でテレワーク特需に対応する。

北海道地盤のキャリアバンク（４８３４）は事務系の人材バンクが柱。３３９人の従業員で関東にも狙いを定める。

半導体レーザー技術を売る21年２月新規上場のＱＤレーザ（６６１３）は、49人の人員でデバイス（装置）を提供する。赤字から赤字縮小へ。その活躍に目が離せない。

埼玉県狭山市に本社を置く大泉製作所（６６１８）は１８０人の陣容で温度センサーを提供する。自動車部品国内最大で愛知県刈谷市に本社を置く、トヨタ系のデンソー（６９０２）が主な顧客である。東京を飛び越えて、地方同士のビジネスが経営の柔軟性に結びつくのか。

新卒特化のダイレクトリクルーティングのｉ－ｐｌｕｇ（４１７７）は１４１人で、コロナで彷徨う大卒人材のために顧客企業を開拓する。時代に合ったビジネスの展開で成長を目指す。

国内勢の中ではコロナワクチン開発が先行しているアンジェス（４５６３）は34人の従業員で奮闘する。

従業員数は少ないが、目立った技術や業績を上げる企業は株価大化けの可能性がある。

年収でわかる「稼ぐ力」と儲けている会社

従業員数の隣にさりげなく記載されているのが「年収」である。同時に社員の平均年齢も書かれているので、その平均年齢で「お父さんはいくら稼ぐか」「女性の稼ぐ力」がわかる（前項の「従業員数」は全世界での計算だったが、こちらの「年収」「平均年齢」の数値は日本国内の事例での集計だ）。

働いて、どれだけの「ペイ」をもらうかは社員のモチベーションにつながり、ひいては業績、株価にもつながる。

見逃せないデータの1つである。

誰もが知っている国内製薬大手の第一三共（4568）は平均年齢42・9歳で平均年収は1126万円。流石としか言いようがない。

ただ、マザーズ上場のそーせいグループ（4565）はたった23人の陣容だが平均年齢45・6歳で平均年収は1151万円である。スイスのノバルティスが主な供給先。安定

した配当を期待したい。

２０１９年12月上場のクラウドファンディングのマクアケ（４４７９）は、平均年収が６３０万円と低いが、平均年齢が３１・４歳と極めて若い会社である。

「年齢にしてはもらっている」これからの企業である。

同じころ、２０１９年10月上場のＢＡＳＥ（４４７７）は、平均年齢も平均年収も四季報には記載されていない「秘密」の会社である。

公にできないのか、したくはないのか。透明性が問われる。

同じころ上場のメッセージサービスのＡＩ　ＣＲＯＳＳ（４４７６）は平均年齢が３４・４歳で、平均年収は６３０万円。先のマクアケよりは良くないが、この手の新規上場の人気企業の給与はこんな感じか。

読めて来るものがある。

賃貸住宅の大東建託（１８７８）は４２・９歳平均で平均給与は８５０万円。一括借り上げの賃貸事業は成果主義か。会社の勢いを感じる。

「販売先」で会社の安定度がわかる

会社の存続、発展にとって大切なのは、誰に売っているのか、どの企業をお得意にしているかということである。

「一般顧客」を対手とするサービス業や、自動車や電化製品のように不特定多数に買ってもらうメーカーは別として、企業相手の商売の場合、どこが相手かわからないが、何とかやっているというのは、ある意味で「危うい」。

「ああ、あそこか」というような安心できる得意先、提携先を持つ企業ならば、投資先として安心できるというわけである。

アイフリークモバイル（３８４５）はジャスダックの赤字銘柄だが、販売先がＮＴＴドコモ。コンテンツ制作で黒字浮上を目指している。

新潟地盤の中堅建設コンサルタントのキタック（４７０７）は新潟県、国土交通省といっ

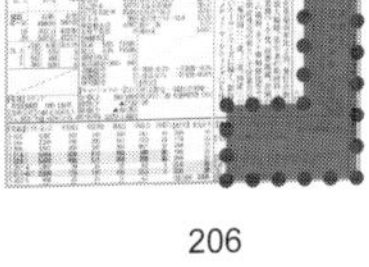

た公共が相手。下手をしなければ、仕事に困ることはないだろう。

ベルト部品のバンドー化学（５１９５）は、トヨタ自動車が相手。中国向けの売上の伸びで、増益基調にある。

ＮＨＫの営業代行をするエヌリンクス（６５７８）は、当然だがＮＨＫが販売先。黒字化の過程にある。

大日本印刷が相手のライトアップ（６５８０）は、ＩＴツールでＤＸ関連の仕事が伸びる。業績も好調である。

このように、「どこと商売しているか」「貸し倒れ、不渡りはないか」ということは極めて重要な視点である。

取りっぱぐれのない販売先を持っているのは、資金回収の際のリスクを回避する点で優位なのだ。

ただ、大手だからと言って、絶対ではないので盲信するべからず。

販売先が
大企業や公共、
成長業界だと
安定度大

販売先

大企業

仕入れ先も重要なビジネスパートナー

企業活動では、仕入れ先も重要なファクターだ。「入り」の面で不安定であれば、事業の継続の面でリスクが伴う。

昨今のビジネスでは、需要の変化等に柔軟に対応できるよう、世界を股にかけ、いくつもの企業と組んでサプライチェーンを作り上げている。

安定的に仕入れ、付加価値をつけて売り、その差額で利益を上げる。これは極めて明快な会社の在り様と言える。

日本ＩＢＭから仕入れるＳＲＡホールディングス（３８１７）は、独立系のシステム開発。時代の流れに乗る仕事で堅調な業績を上げる。

住友商事を仕入れ先に持つ住友金属鉱山（５７１３）は、非鉄金属と電子材料が事業の柱だが、系列の商社からその原料を仕入れている流れが見える。

セメント、銅、電子材料の三菱マテリアル（５７１１）は、仕入れ先も販売先も三井物産だ。

同じ「三」の名をいただく企業でありながら、三菱と三井、二大財閥に分かれるのは、面白い系列の関係であり、何か、業界の関係の複雑さを見る思いがするではないか。

郊外型の回転ずしの銚子丸（３０７５）は、仕入れ先がマルハニチロ。なるほど、回転ずしはこのようなところから、安定的にネタを仕入れるのか。興味深い。

このように、四季報のわずか2行のデータからその会社の出と入りがわかり、イメージしやすい。

そう見ると、「仕入れ先不明」「販売先不明」（四季報のデータでは）というのは、その会社の機密事項なのか。

明らかにできない何かの事情があるのだろう。

ただ、投資家としては、これらの情報はクリアな方が理解しやすい。大事な金を投じる立場からすれば当たり前のことである。

幹事証券会社で立ち位置が変わる

意外と無視できないのが「幹事証券会社」である。

幹事証券会社は広く市場で上場し、投資家との関係で活動を行う上場企業にとっては、極めて重要な存在である。

なぜならば、資金調達に関する全ての業務を代行するからだ。これがうまくいくか否かは、ある意味で、企業の命運を握ることになる。

幹事証券会社について知っておこう。

幹事というのは、株式会社が株式や社債、転換社債等の有価証券の募集や売り出しをする際に、会社に代わり中心になって行う証券会社であり、複数ある時はその代表が「主幹事」となる。

どこの証券会社が好ましいかは断定できないが、経験値や社債の販売等で営業力があるほうが有利であることは間違いない。

さらに、転換社債を発行する時は、その社債はやがて株式に転換するわけで、発行時の株価も重要なデータである。

その株価を好ましい位置に誘導できるのは、証券会社の「腕」であり、投資家には見逃せない情報だ。

ここまで、確認しての投資が望ましい。

営業力や株価の位置を決定するのに頼りになるのが、大手証券会社だ。中でも野村證券に一日の長がある。これはＩＰＯ銘柄にも言える注目点である。

主な証券会社

証券会社名	ＩＰＯ実績 2019	主幹事	2020	主幹事	口座数
野村證券	35	17	54	32	533万
SMBC 日興証券	61	20	67	16	308万
大和証券	43	22	55	17	301万
みずほ証券	60	13	75	26	184万
SBI 証券	86	7	102	14	604万
楽天証券	26	0	44	0	508万
マネックス証券	46	0	50	0	167万
松井証券	20	0	20	0	133万
三菱 UFJ モルガン・スタンレー証券	25	0	24	0	123万

第10章

四季報オンラインを知って、活用しよう

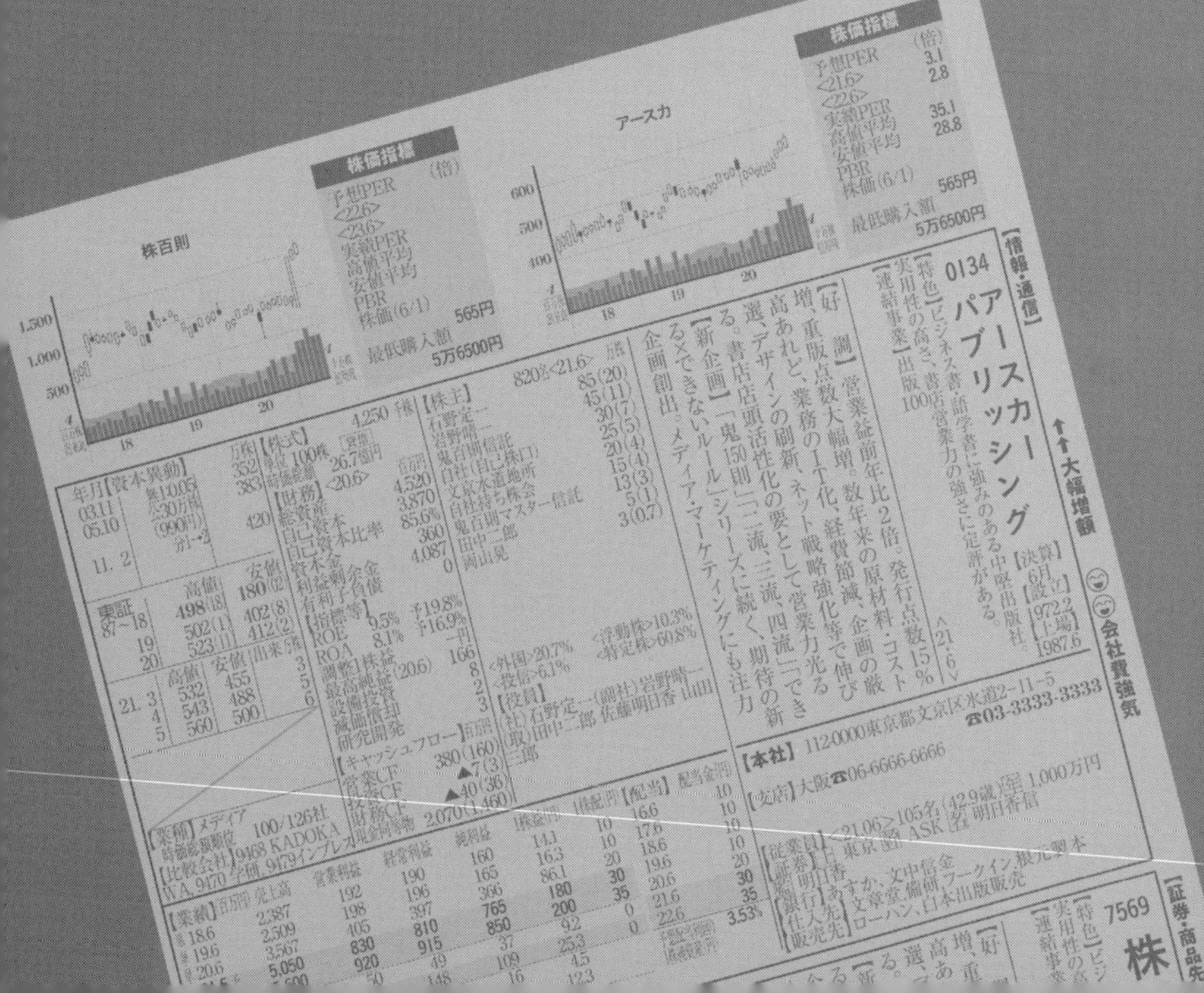

クレヨンで説明できないアイデアには、
決して投資するな。

ピーター・リンチ

大きなキャッシュの利益を生み、そして
大きな設備投資を必要としない企業を探しなさい。

チャーリー・マンガー

鬼100則 

四季報オンラインとは

これまで、紙の「会社四季報」の解説をメインにして来たが、これらはオンラインを見る時にも共通して役に立つ内容だ。

紙の四季報はご覧の通り、ページ数が多く、重いので、どこにでも持ち運ぶわけにはいかない。

その点、オンラインはスマホの中に納まる情報なので、便利である。

加えて、オンラインは「検索機能」があり、検索で必要な情報が取り出せるので、使い方がわかれば、有効な情報源になる。

さらに、紙の四季報の発行は年に4回だが、オンラインは随時の情報更新があり、リアルタイムである。

「会社四季報オンライン」（以下、四季報オンライン）の主なサービスの内容は

・アプリで最新の四季報が読める

・過去の四季報が読める
・新しい四季報の発売前に先取りの情報が読める
・四季報オンライン独自の業績予想が手に入る
・毎日、最新の投資関連ニュースが届く
・紙の四季報では間に合わないＩＰＯ銘柄の情報が読める
・スクリーニング機能でさまざまな情報が検索できる

というように、使い方により、有効な投資のツールになる。

投資の視野は広ければ広いほど、チャンスを摑みやすい。

ある日のニュースのテーマは「ＲＯＥ改善度ランキング」「市場シェアトップクラスの高ＲＯＲ」「水素関連で注目したい四銘柄」「信用好取組のマザーズ銘柄」等々。

ただし、これを見られるのは「有料会員」である。

せっかくお金を払っても、使い方に慣れないと、投資の手助けにはならない。

オンラインの利用は「絶対必要」ではないが、使いこなせば便利だし、売買の貴重なチャンスが摑めるのだ。

有料会員になるならば

四季報オンラインは、無料でもある程度の情報は読めるが、オンラインの売りであるニュース等のサービスは有料なので、対価を支払わないと見ることはできない。

「見られません」と言われると、「見たいな」と思うのは人の性（さが）。

ただ、チャートや基本情報は無料で見られる。5分足、日足、週足、月足等である。

しかし、この程度は「Ｙａｈｏｏ！ファイナンス」や「株探」、ふだん使っている証券会社のサイト等で見られるので、大したメリットはない。

各銘柄の最新の情報は、「株探」がわかりやすく使い勝手が良い。

その意味では、目先の情報を追うには、「四季報オンライン」の情報を読むこともないというのが正直なところだ。

さて、有料会員にも普通の会員と、特別の会員の差がある。

名前は「ベーシック」と「プレミアム」である。

「ベーシックプラン」は税込みで月に1、100円だ。見られるのは20分遅れの株価、500銘柄限定の登録、151項目のスクリーニング検索、四季報バックナンバー4集分。

それに対して、「プレミアムプラン」はリアルタイムの株価、262項目のスクリーニング、登録銘柄は1000銘柄。大株主検索、社員・役員検索、業績・企業情報、四季報PDFバックナンバー8集分と情報量が多い。

そのかわり、プレミアムは月に税込みで5、500円とベーシックの5倍。一括払いで6万6000円であり、少し重い。

スイングトレード〜長期投資を前提にした熟練者には垂涎の的だろうが、投資初心者には、それだけの機能があっても宝の持ち腐れになりそうだ。

なので、慣れるまで、投資資金が増えるまでは、3カ月ごとの発行、税込み2300円の紙の四季報もしくは月1100円の「会社四季報オンライン・ベーシック会員」で始めることを勧めたい（紙の四季報は基本である）。

銘柄の諸情報だけでなく、「四季報を読んで投資する」一定数の投資家を念頭に置き、賢く投資するには、これぐらいは初期費用として覚悟しよう。

四季報オンラインで注目株を監視する

さて、肝心な四季報オンラインの有効な活用法である。
投資スタンスにより使い方は異なるが、おしなべてお勧めのサービスは
・登録銘柄リスト
・スクリーニング
・ＩＰＯスケジュールの確認
等である。
いずれも、ふだん使っている証券会社のサイトでもある程度行えるものではあるから、できれば自身で精度や使い心地を比べてみてほしい。

株式投資で重要なことは、監視銘柄をいくつ持っているかだ。
少ない銘柄の中から、売買する銘柄を選ぶのは、チャンスが限られてしまう。

そこで、いくつか（できれば初心者でも20〜30個）の監視銘柄をリストアップしておき、「買いのタイミング」「売りのタイミング」に当てはまるもので勝負の判断をすると、確度が上がる。

そのチャンスを手にするために使いたいのが「銘柄リスト」である。

四季報オンラインの登録銘柄のリストでは、特にボリンジャーバンドやRSI等10種類のテクニカル指標が見られて、売りサイン、買いサインが表示されるので、投資の確率が良くなる。

チャートや割安・割高のサインは売買の確率を上げるために、ぜひとも活用していきたい。

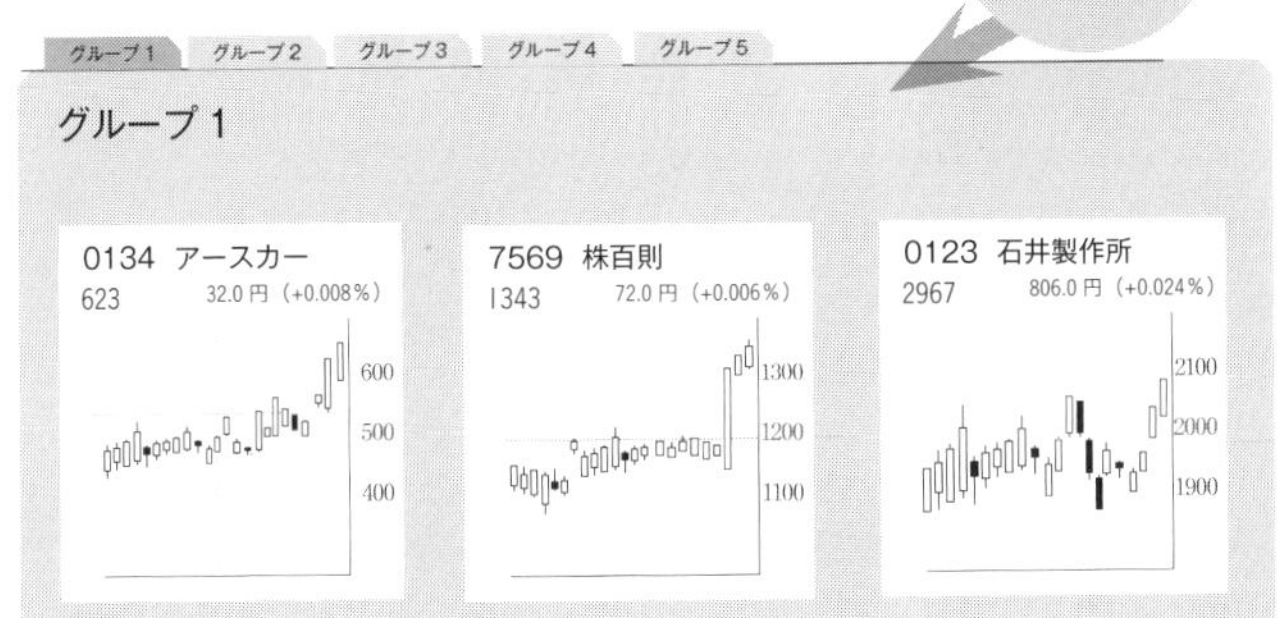

鬼100則 92

スクリーニングでチャンスを摑もう

監視銘柄の選定に使うのが、スクリーニングの作業だ。

この機能の使い方は次のようなものである。

・スクリーニングに使う項目を選び、検索条件に加える

・スクリーニング項目の条件設定を行う

・銘柄の上場市場や業種を指定する

この検索では株価の割安、今後の成長に注目することだ。

その注目点は「自己資本の割合40％以上」「ＰＢＲ最大1倍」「ＰＥＲ15倍」「ＲＯＥ10％」等である。

常識的なデータではなく、検索に多くかかるように緩めの条件設定でも良い。

これで出て来た銘柄に対して、材料や時流性、今後の成長の可能性等に注目する。

ただ、この基本に忠実な見方が必ずしも、市場の人気度と一致するとは限らない。

条件が多少悪くても、株価の変動が見られることもある。

そこは、四季報オンラインだけに頼らないで「株探」等、ほかの情報源との混合の情報処理が大切である。

またこれは「プレミアム」会員だけができることだが、企業のランクづけのデータ「企業スコア」で標準を上回る銘柄を探すのも独自の視点を持つ四季報オンラインならではだ。

業績や収益性、財務健全性等に一定の点数を設定して、投資対象として好ましい「スコア」を検索して、買うべき銘柄を選定できる。

これらのデータで、70点から80点という高いスコアを出した銘柄に視点を置き、タイミングを計ることで、投資のリターンの確率を高める。

逆に、35点以下のスコアはリスクが高く、ファンド等から評価されにくい銘柄であり、できれば除外することが投資の成功につながる。

ただし、スクリーニングはあくまでも参考である。

スクリーニングで全て勝てれば、負ける人がいないことになる。

鬼100則 93

四季報オンラインでＩＰＯ投資を有利に

ＩＰＯ（新規上場）銘柄は人気が高い。２０２０年も、２０２１年も、その先も。なぜならば、証券会社に申し込んで抽選に当たれば、「初値」が基準価格を上回ることが多いので、公開初日に利益を確保し易いからだ。

その当選の確率を高めるための１つの方策は、ネット情報等で証券会社の引き受け株数を確認することだ。

もちろん、ＩＰＯの引き受けは主幹事会社が一番多く担当する。銘柄により、担当は違うので、いくつかの証券口座を持ち、銘柄ごとに引き受けが多い証券会社の口座で申し込む作業がＩＰＯ銘柄の当選の可能性を大きくする。

「どうせ、当選しない」というようなマイナス思考ではなく、ダメもとで申し込むことで、利益を取る可能性が極めて高いＩＰＯ銘柄を上場前に確保できる。

抽選に当たらなくても、上場後の上昇が一服した後に再度買うチャンスが来るものだ（ＩＰＯセカンダリーと言う）。

そのタイミングを逃さないためにも、紙の四季報には載らないＩＰＯ情報、ＩＰＯ銘柄の基本情報を摑んでおくと、投資の作戦が立てやすい。

ぜひ監視銘柄に登録しておこう。

証券口座に載っている「四季報」情報は、紙の四季報の発売当時のデータを反映しているだけなので、至近のＩＰＯ銘柄の情報は載らない。作戦の立てようがない。

その点で四季報オンラインには、常に新しいＩＰＯ銘柄が素早く載り、更新されるので、有利な情報が確保できるのだ。

4498 サイバートラスト　日足

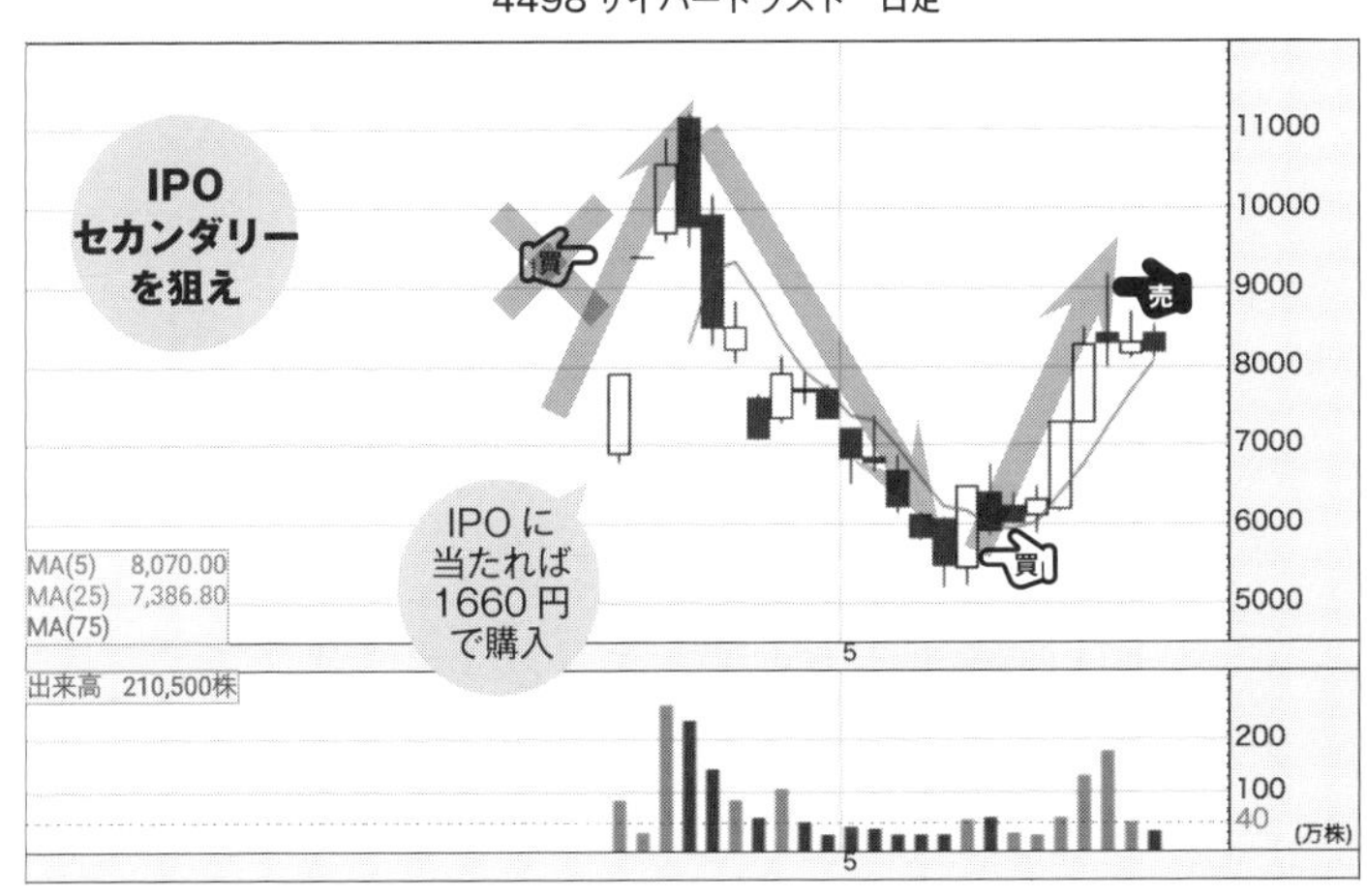

終章

最速で注目株情報を得る「欄外」チェック法

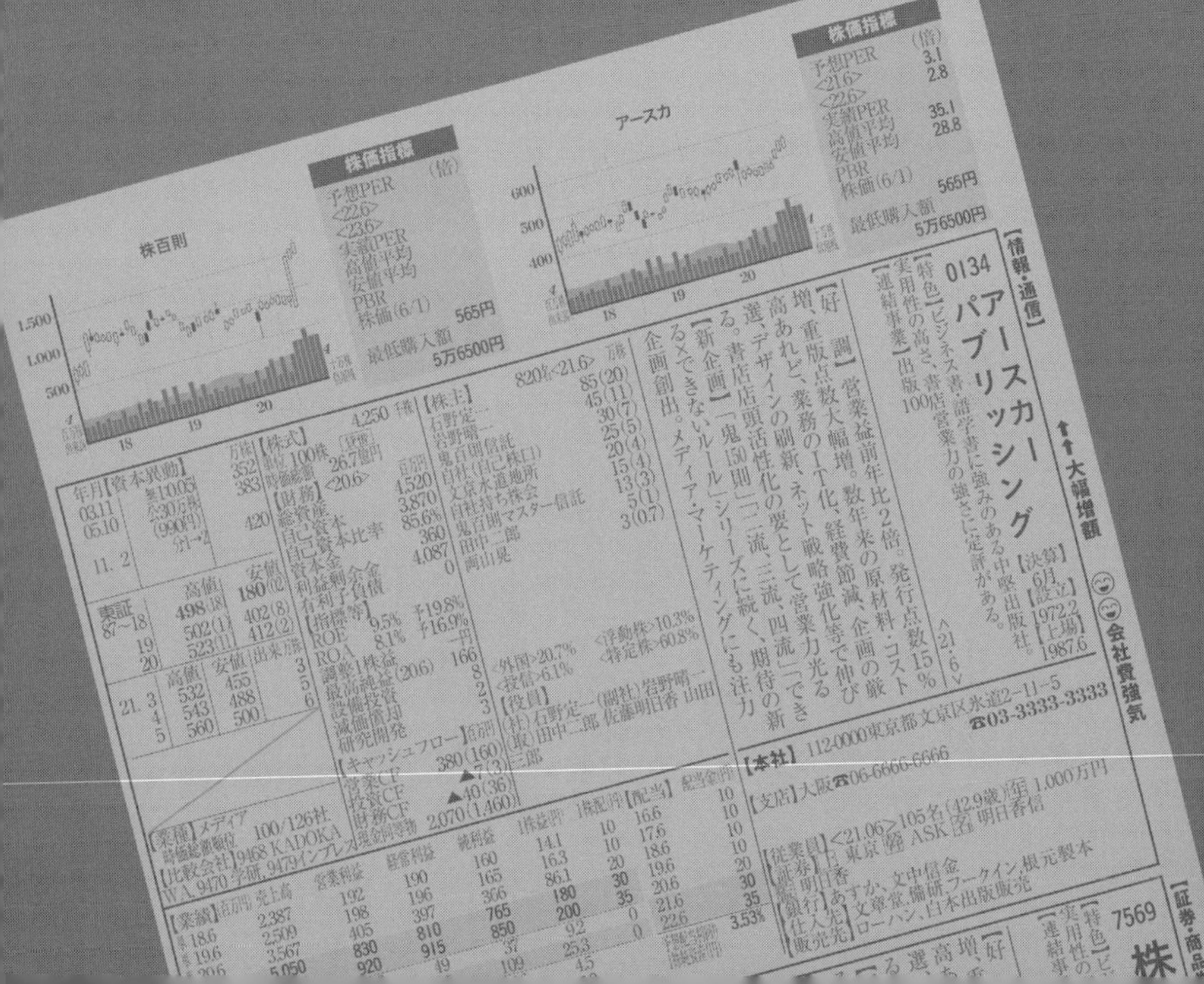

【情報・通信】

0134 アースカー パブリッシング

【特色】ビジネス書・語学書に強みのある中堅出版社。実用性の高さ、書店営業力の強さに定評がある。

【連結事業】出版100 <21・6>

【決算】6月 【設立】1972.2 【上場】1987.6

↑↑大幅増額

会社費強気

【好 調】営業益前年比2倍。発行点数15%増、重版点数大幅増。数年来の原材料・コスト高あれど、業務のIT化、経費節減、企画の厳選、デザインの刷新、ネット戦略強化等で伸びる。書店店頭活性化の要として営業力光る。

【新企画】「鬼150則」「二流、三流、四流」「できる×できないルール」シリーズに続く、期待の新企画創出。メディア・マーケティングにも注力。

【本社】112-0000東京都文京区氷道2-11-5 ☎03-3333-3333

【支店】大阪☎06-6666-6666

【従業員】<21.06>105名(42.9歳)[年]1,000万円

【証券】[上場]東京 [幹]ASK [名]明日香信

【銀行】あすか、文中信金

【仕入先】文章堂、備研、ワークイン、根元製本

【販売先】ローハン、白本出版販売

株価指標

予想PER (倍) <21.6> 3.1 <22.6> 2.8

実績PER 高値平均 35.1 安値平均 28.8

PBR

株価(6/1) 565円

最低購入額 5万6500円

【株主】 820名<21.6> 万株

石野定一 85(20)

岩野晴一 45(11)

鬼百則信託 30(7)

自社(自己株口) 25(5)

文京水道地所 20(4)

自社持ち株会 15(4)

鬼百則マスター信託 13(3)

田中二郎 5(1)

両山晃 3(0.7)

【役員】(社)石野定一 (副社)岩野晴一 (専)田中二郎 佐藤明日香 山田三郎

【業種】メディア 100/126社

【比較会社】9468 KADOKAWA, 9470 学研, 9479 インプレス

7569 株

【証券・商品】

まず生き残れ。儲けるのはそれからだ。

ジョージ・ソロス

採算は実。人気は花。採算を買い、人気を売る。

山崎種二

欄外のマークはゲーム感覚で活用する

四季報の情報をビジュアルに見られるのが、矢印（⬆➡⬇）、ニコちゃんマーク（😄）だ。

これは四季報独自の「売り」と言える。

分厚く、読むのが面倒な印象のある四季報だが、矢印とマークぐらいならば、ペラペラめくり、眺めるだけで苦痛ではない。

それで注目の銘柄に出会えるならば、気安いモノだ。

読み方は、欄外に出ている**ポジティブなマークを選び、そこに目を止めて読む**だけ。

例えばダブルニコちゃんマーク（😄😄）は四季報予想が30％以上、会社予想から乖離している場合に出る。

前向きなマークの銘柄は、それほど多くはないので、分厚い四季報の一部分を見るだけで良いことになる。

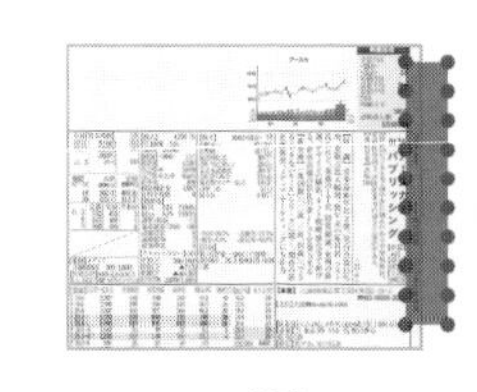

ただし、**過信は禁物。ゲーム感覚で見る**ことが肝心だ。

何度も言うが、四季報の第一義的な使い方は、好材料が出た銘柄の位置を確認し、10倍にまで育つ伸びしろがあるか、確認・判断することだ。

手早く一覧できる紙の良さ、手軽に検索できるオンラインの良さがある。

それに加えて、このようなマークを目当てにパラパラとめくるだけで「儲かる銘柄に出会える」ことがある。

そこで、会社比でポジティブなマークのある銘柄に目をつける。

四季報の記者が出す「プラスのサイン」がどれだけ株価に反映するかは保証されない。

しかし、それを見て興味を持つ投資家が多くいることは確かだ。

あなたも同じように監視のリストに入れておけば、動いた時、上がった時、出来高が増えた時に、即応できる。

株式投資は「情報戦」。

そこで勝者になるには、お目当ての銘柄をどれだけ把握しておくかだ。

気楽なピックアップに、マークの活用は極めて価値がある。

「前号比」のその先を読め

四季報で一番簡単な「変化」「増額」「増益」の様相は、その銘柄の枠外にこそある。
「⬆⬆大幅増額」「⬇⬇大幅減額」「➡前号並み」等のマークだ。
チャートを見ると、ほぼ、このコメントに連動して、上げ、下げ、横ばいが見られる。
株価はその会社の勢い、業績に極めて忠実である。
ただ、鵜呑みは禁物。
投資だから需給で変わる。
プラスの情報で上げ過ぎたものは、やがて下がることがある。
用心が大切だ。
勢いがあり、稼いでいる企業の株価には勢いがある。しかし、青天井はない。
逆に、停滞している企業の株価は低迷し、下落傾向にある。

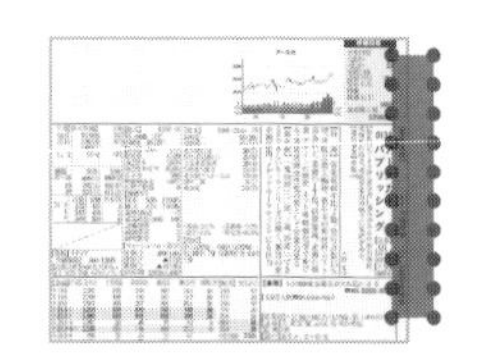

例えば、「AI認識サービス」のAI inside（4488）には初春号で「**⬆⬆大幅増額**」のコメント。右肩上がりで最後に9万円台に駆け上がる長い陽線が出るチャートが印象的だった。しかし、そこがピークで急落している。

インタートレード（3747）は、FX関連。「**⬆⬆大幅増額**」のコメントも、株価は急落している。

「**会社比強気**」のあすか製薬（4886）は「残念」。だらだらの下げになっている。

ただし出帳撮影サービスのうるる（3979）は、「**⬆⬆大幅増額**」をそのまま反映して株価は順調に伸びている。

「なぜ」前号より大幅に伸びたかを考え、その先を予想して売買に臨むことで、大きな失敗は減るだろう。

4488 A I inside

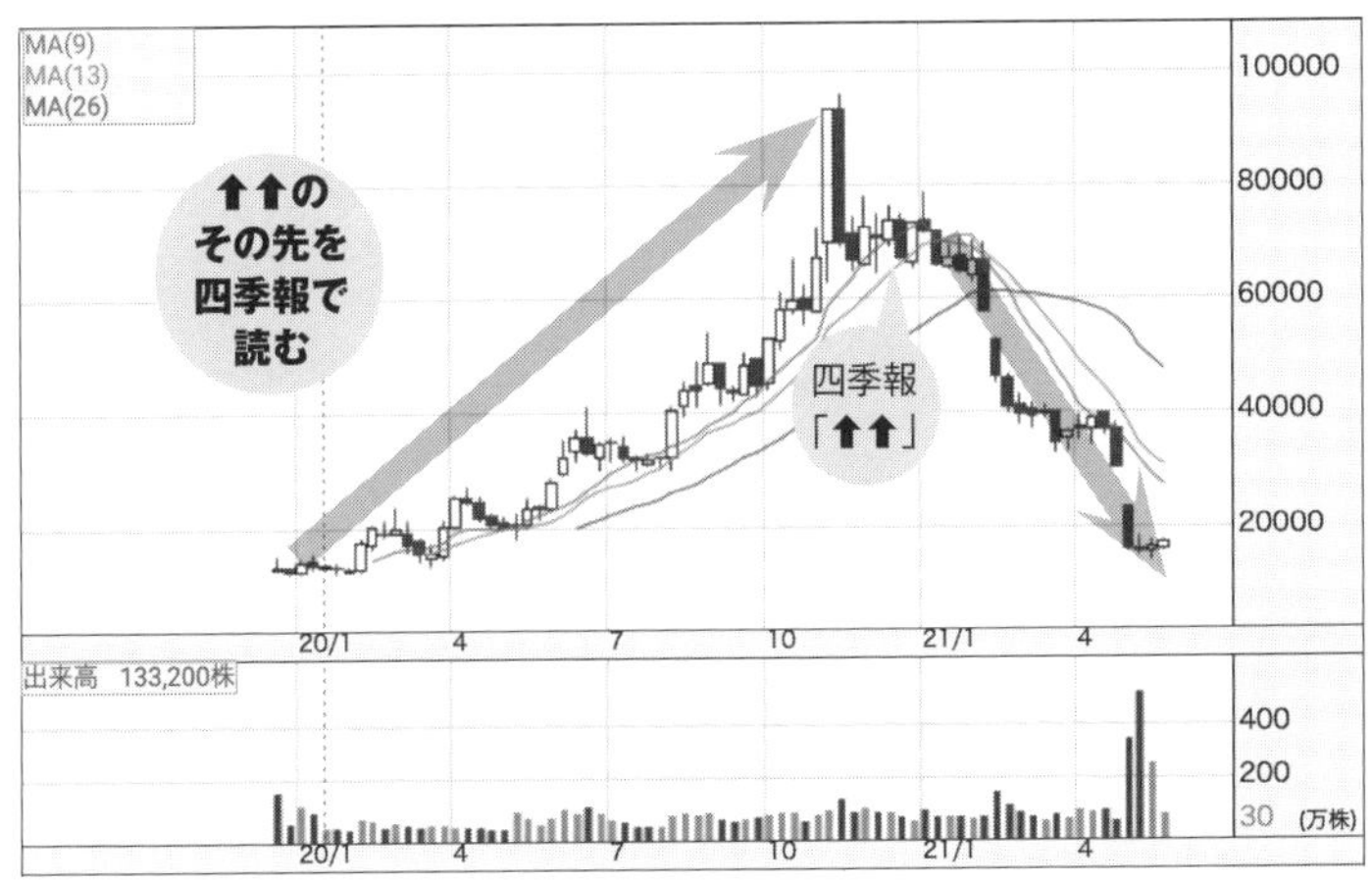

鬼100則 96

矢印マークの種類を見る

さて、マークはどのようなものがあり、どのような意味を持つのか。

四季報を見ればわかることだが、面倒な人のために、書いておこう。

欄外の情報は、会社が明らかにしている営業利益に対して、四季報が独自に取材し、判定している予想数値との違いを表したニコちゃんマーク（😄😣）と、会社が発表している前号からの営業利益修正率を表した矢印マーク（⬆➡⬇）で構成されている。

まずは矢印だが、黒々として目立つのが⬆⬆（ダブル矢印）。強烈なこれは前号比で30％以上の増額である。

⬆（矢印一本）は前号比で5％以上から30％未満の増額、または、ゼロから黒字。

これを表していることを知っておこう。

マイナスの⬇や前号並みの➡は、新たに検索の必要はない。

ただ、持ち株が心配な時は確認しておくべし。これは大切である。

一方、ニコちゃんマーク（独自増額マークのこと）。

これは会社が発表している営業利益の予想に対して「いやいや、そうではないでしょう」という意見を表す、四季報独自の見方のマークである。

😁😁（ダブルニコちゃん）は、会社と四季報の見立ての乖離が30％以上のもの。

😁は、乖離が3％以上から30％未満、会社予想がゼロで、四季報が黒字予想。

このようになっている。

逆に😣（会社比弱気、大幅弱気マーク）は逆の意味がある。

ちなみに、これらの表記は、四季報オンラインでも最上段に載っている。

しかし 大幅強気 前号並み のような感じで、文字情報のみだと、いささかインパクトが弱い。

代わりに「見出し検索」機能があるので活用したい。

狙いは二重の⬆⬆か

矢印マークは、あくまでも会社が発表した営業利益予想を前号と最新号を比較したものだ（営業利益なので純利益までは保証されないことに注意）。

これも、効率的に四季報を読むには、大変便利なマークだ。

特に⬆⬆は、前号に比べて、30％以上の営業利益増額であり、株価上昇のインパクトは極めて強い。

四季報が出た段階では「先回りの買い」のために、上げてしまっているかもしれないが、株価は一本調子で上げるわけではない。

監視銘柄リストに入れておいて、先に買って利益確定のために売られた「押し目」の段階で仕込んでも間に合うはずである。

営業利益が30％以上の増額になるのは、極めて強い動きなので、目先筋だけではなく、腰の据わった資金も入って来るだろう。

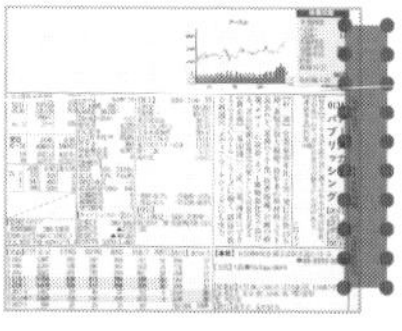

もちろん、営業利益が良くても、経常利益、純利益がそれほど伸びない例もある。

だから、⬆をきっかけに、四季報を詳しく見ることだ。ほかの情報と合わせ読むことで、どの銘柄に注目し、仕込んだらよいのか見えて来る。

例えば、東北特殊鋼（５４８４）は大幅増額の⬆⬆で、中国、国内軸に足元でフル生産、土曜日出勤も、とある。相当、好調に見える。

日本板硝子（５２０２）は自動車用のガラスが想定を超える回復。

こうした情報を効率よく四季報で手に入れることができる。

ただし、これはあくまでも数字上の話。株価の動きとの連動性が１００％あるわけではない。

5484 東北特殊鋼

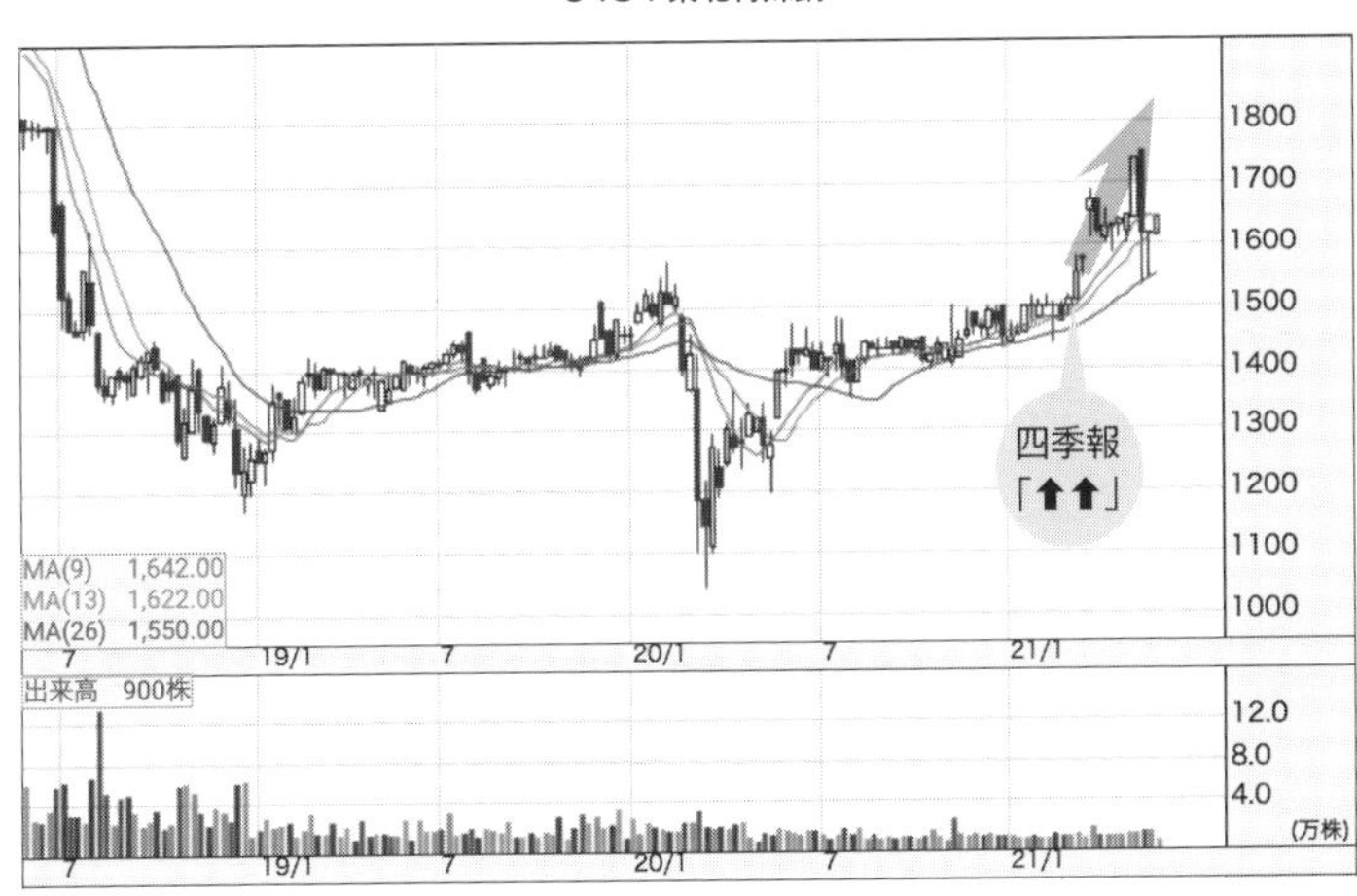

鬼100則 

前号比30％未満の営業増益、⬆1つにも目を向ける

前号比30％以上の営業増益は凄いことだし、ファンド等多くの投資家が目をつけて買いに入るので、⬆⬆銘柄は、四季報が出た時点で既に「割高」の株価になってしまう可能性がある。

それに対して、30％未満の前号比営業増益銘柄、あるいは、赤字から黒字転換銘柄の⬆1つは、結構多いので、投資資金も分散され、チャンスが多い。

このような銘柄に注目して、押し目を買う、ブレイクアウトを買うという戦法も効率的である。

例えば、半導体関連の人気の銘柄であるアドバンテスト（6857）は新しい四季報が出た時点で⬆1つ銘柄。

しかし、新高値を取って来たのは、四季報が発売されて半月も後である。

半導体検査装置の世界大手だが、発売時点では市場の注目がハイテク銘柄ではなく、出

遅れ、景気回復銘柄に行っていた。ハイテク銘柄に流れが来た時点で、この銘柄は新高値を取った形だ。

四季報が出た後にタイミングを計ることでも、十分にチャンスがあるわけである。

電子材料のＡＤＥＫＡ（４４０１）は、やはり⬆１つ。この銘柄は四季報が発売された時に一気に買われたが、その後の持ち合いで押し目を形成しているので、十分にチャンスがあった。

⬆１つの営業増益銘柄は、つまりは業績が右肩上がりの銘柄なので、中長期で狙い目でもある。

4401 ADEKA

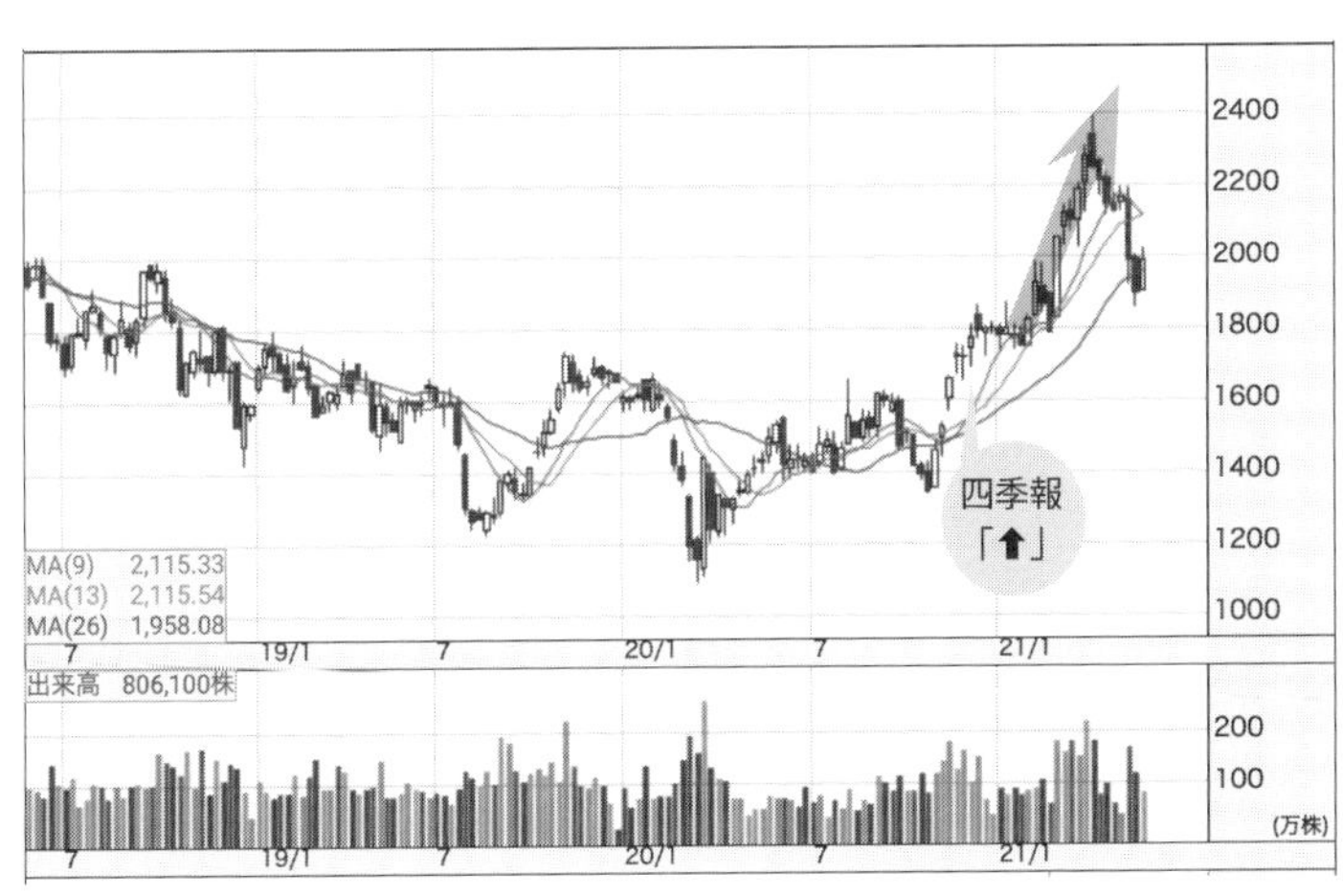

ニコちゃんマークに妙味あり

ニコちゃんマーク（😄😣）は、会社の営業利益予想に対して、「いやいや、そんなもんじゃないよ」と東洋経済新報社の記者が判断して、マークを出した強気の銘柄である。

既に書いたが、😄😄は営業利益予想が会社発表と四季報予想で30％以上の乖離。😄が30％未満から3％以上までの銘柄だ。

四季報独自の取材で得た情報と判断で「保守的過ぎる」会社の数値を補正したものとも言える。

なぜ、乖離が出るのか。

その理由の多くは会社側の都合にある。

あまり儲かっていると発表すると、取引先や従業員から「儲かっているのか」「それなら待遇を良くしてくれ」「仕入れ値を上げてくれ」等の圧力が高まりかねないという思惑がある。

それから守るために、予想は低く発表することがあるのだ。

そうでなければ、経営者や首脳が苦い経験をしていて慎重派であるというのもある。

会社側の発表数値を出すだけだと、読者が実態の把握を間違いかねないので、四季報が「強気」のマークをつけて、補正しているわけである。

ニコちゃんマークが出ている銘柄は、「実際はもっと良い」というアピールなので、四季報の内容を割増しするぐらいに読んでおいたほうが良い。

そのためのきっかけにするマークなので、監視する必要がある。

6210 東洋機械金属

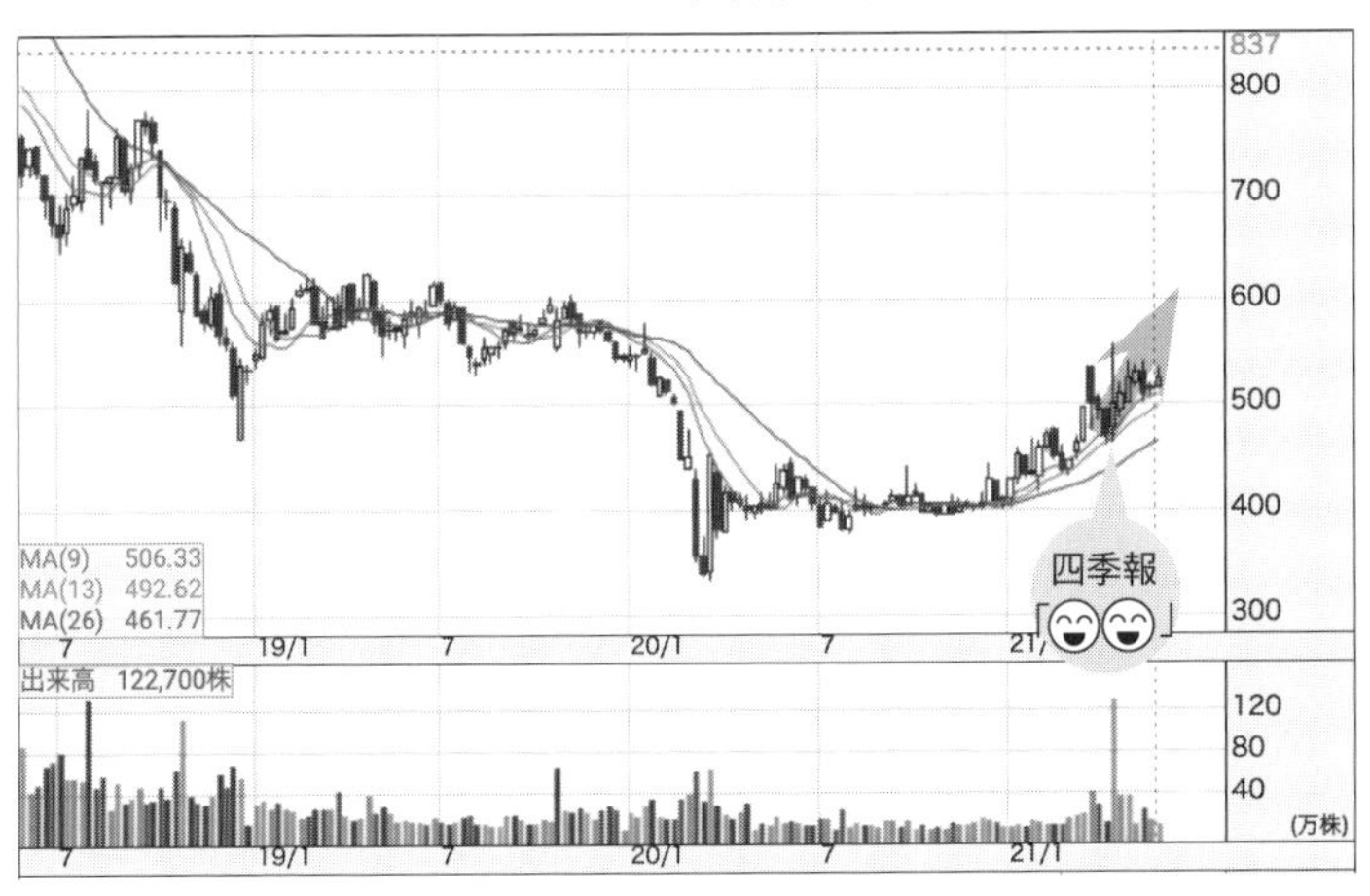

「株探」https://kabutan.jp

二重の⬆⬆に2つのニコちゃんマークで万全か

四季報のマークで、究極の「強気シグナル」が、「⬆⬆」＋「😄😄」である。

これほど、凄いシグナルはない。

これを覗いてみるだけでも、楽しいではないか。

例えば、航空券予約サイトのエアトリ（6191）。

これに、2021年春号の四季報では、⬆⬆、😄😄がついた。

確かに、ワクチンが普及してコロナが収束すれば、旅行の需要も高まって業績回復間違いなし。ただし、会社側はワクチンの見通しが立たない中では慎重な予想を出さざるを得ないだろう（最終校正の日は急騰しているが…）。

四季報が勝るか、会社予想が正しいかは、微妙な判断である。四季報側の英断に興味を持つ。

ＪＶＣケンウッド（６６３２）にも、同じダブルマークがついている。車載機器が堅調のようだが、株価はいまいちだ。

四季報を信用するならば、長期で行ける割安低位の銘柄である。

誰もが知っている家電大手のパナソニックもダブルマークがついている。四季報発売の後の株価は冴えないが、チャンスか。

トヨタ系自動車部品メーカーの東海理化（６９９５）にも、同じマーク。株価は長期の右肩上がりの押し目（執筆時）。「押し目買いの吹き値売り」でのサイクル投資、あるいは、長期の成長を期待する長期投資でも果実があるか。

活用法、投資法は人それぞれである。

6191 エアトリ

[著者]
石井勝利（いしい・かつとし）
早稲田大学政治経済学部卒。1939年生まれ。
文化放送、政党機関誌を経て経済評論家となる。バブル時代は不動産投資で活躍して投資のオピニオンリーダーとなり、全国講演、テレビ・ラジオ出演を数多くこなす。
以降、住宅、金融、株式投資、自己啓発など著作は400冊に迫り、2019年から開始したTwitterでは1.6万人のフォロワーを持つ。近著は投資歴45年の経験に裏打ちされた実績をもとにした『株の鬼100則』『株価チャートの鬼100則』『株「デイトレ」の鬼100則』（明日香出版社）等、いずれも大増刷。個人投資家から人気を博している。

Twitter：@kabu100rule

株「会社四季報」の鬼100則

2021年　6月22日　初版発行
2021年 12月10日　第12刷発行

著　　者　石井勝利
発 行 者　石野栄一
発 行 所　明日香出版社
〒112-0005　東京都文京区水道2-11-5
電話　03-5395-7650（代表）
https://www.asuka-g.co.jp
印　　刷　株式会社文昇堂
製　　本　根本製本株式会社

　ISBN 978-4-7569-2153-6